# A Felicidade
# NEGADA

A felicidade negada
© Almedina, 2022
AUTOR: Domenico De Masi

DIRETOR ALMEDINA BRASIL: Rodrigo Mentz
EDITOR DE CIÊNCIAS SOCIAIS E HUMANAS E LITERATURA: Marco Pace
ASSISTENTES EDITORIAIS: Isabela Leite e Larissa Nogueira
ESTAGIÁRIA DE PRODUÇÃO: Laura Roberti

TÍTULO ORIGINAL: La Felicità Negata
TRADUÇÃO: José J. C. Serra
ADAPTAÇÃO: Ana Cristina Rodrigues
REVISÃO: Elcio Carvalho e Alex Fernandes
DIAGRAMAÇÃO: Almedina
DESIGN DE CAPA: Edições Almedina, S. A.

ISBN: 9786554270267
Novembro, 2022

Dados Internacionais de Catalogação na Publicação (CIP)
(Câmara Brasileira do Livro, SP, Brasil)

---

Rodrigues, Ana Cristina
A felicidade negada / Domenico De Masi; adaptação Ana Cristina Rodrigues; Tradução José J. C. Serra. – 1. ed. – São Paulo: Edições 70, 2022.

Título original: La felicità negata
ISBN 978-65-5427-026-7

1. Escola Austríaca de Economia 2. Escola de Sociologia de Frankfurt 3. Felicidade – Aspectos sociais 4. Lazer – Aspectos sociais 5. Qualidade de vida no trabalho 6. Trabalho – Aspectos sociais
I. De Masi, Domenico. II. Título.

22-127510      CDD-306.3

---

Índices para catálogo sistemático:

1. Trabalho: Aspectos sociais 306.3

Aline Graziele Benitez – Bibliotecária – CRB-1/3129

Este livro segue as regras do novo Acordo Ortográfico da Língua Portuguesa (1990).

Todos os direitos reservados. Nenhuma parte deste livro, protegido por copyright, pode ser reproduzida, armazenada ou transmitida de alguma forma ou por algum meio, seja eletrônico ou mecânico, inclusive fotocópia, gravação ou qualquer sistema de armazenagem de informações, sem a permissão expressa e por escrito da editora.

EDITORA: Almedina Brasil
Rua José Maria Lisboa, 860, Conj.131 e 132, Jardim Paulista | 01423-001 São Paulo | Brasil
www.almedina.com.br

# A Felicidade
# NEGADA

Domenico De Masi

# Índice

*Introdução: A infelicidade como desígnio*   11

**Primeira Parte: Duas Teorias**   19
A Escola de Frankfurt   23
A Escola de Viena   49

**Segunda Parte: Duas Práticas**   93
Trabalho   97
Ócio   123

*O que pedem os homens à vida e o que desejam obter dela? A resposta não pode ser dúbia. Os homens lutam para alcançar a felicidade; querem tornar-se felizes e manter-se felizes.*

Sigmund Freud

# Introdução

A INFELICIDADE COMO PROJETO

Ao contrário de Hesíodo, não acredito na existência, em tempos longínquos, de uma mítica idade de ouro; nem acredito, como Pasolini, que a sociedade rural tenha oferecido aos nossos antepassados alguns milênios de sereno convívio campestre; assim como também não acredito, na esteira de Adriano Olivetti, que se possa criar uma comunidade feliz numa fábrica cheia de linhas de montagem. Tive a possibilidade, em primeira pessoa, de usufruir das vantagens proporcionadas pela indústria e de partilhar das esperanças com que, após a Segunda Guerra Mundial, iniciamos a experiência pós-industrial. Amadureci a consciência de que o mundo em que vivemos não é o melhor dos mundos possíveis, mas é certamente o melhor dos mundos que existiram até agora.

Explico o porquê.

Nunca antes o planeta foi habitado por quase oito bilhões de seres humanos — em grande parte, instruídos, informados e interligados — que todas as manhãs acordam e começam a pensar, e todas as noites adormecem e começam a sonhar. Nunca antes 46% de todos os países do mundo foram governados de maneira democrática. Nunca tivemos tantas fábricas para produzir e tantos supermercados para consumir; nunca produzimos tantos bens e tantos serviços utilizando tão pouca energia humana. Nunca antes fomos capazes de criar em dez meses uma vacina para salvar milhões de vidas; nunca tivemos tantos analgésicos para extinguir a dor física e tantos psicofármacos para aliviar o sofrimento mental. Nunca tivemos tanta informação e tão rápida, tantas próteses mecânicas e tantas engenhocas eletrônicas que nos ajudam a não esquecermos, a não nos aborrecermos, a não nos perdermos, aumentando desmesuradamente a nossa realidade.

Mas não existe progresso sem felicidade e não se consegue ser feliz num mundo marcado pela distribuição desigual da riqueza, do trabalho, do poder, do conhecimento, das oportunidades e das proteções. Esta desigualdade desumana não acontece por acaso, mas é um objetivo intencional e a consequência definitiva de uma política econômica que tem como base o egoísmo, como método a concorrência e como projeto a infelicidade. Karl Marx já o tinha percebido muito bem:

> Visto que, segundo Smith, uma sociedade em que a maioria sofre não é feliz [...] segue-se que a miséria social constitui o objetivo da economia política. [...] Os únicos motivos que põem em movimento a economia política são a *avareza* e a *guerra entre os avaros*, a *competição*.[1]

*Três mil por cento*
O sistema pós-industrial em que vivemos é condicionado por dois fatores — o progresso e a complexidade — que expõem enormes desafios ao nosso desejo inato de felicidade.

---
[1] MARX, Karl, *Manuscritos Económico-Filosóficos*, Lisboa, Edições 70, 2017, pp. 98 e 144.

A ideia de progresso, os debates, as esperanças e os empreendimentos que suscitou, mas também as rupturas e as vítimas que provocou, constituem um dos capítulos mais fascinantes e terríveis da história da humanidade. Graças ao progresso, gozamos de uma prosperidade tão longa e crescente que nos fez interiorizar a ideia de que os recursos do planeta são infinitos e de que também é infinito o crescimento possível do PIB. Entre 2006 e 2017, Deirdre Nansen McCloskey publicou uma trilogia de 1700 páginas dedicada às virtudes, dignidade e igualdade burguesas[2], em que o mérito deste crescimento é atribuído à *inovação* do "Grande Pacto Burguês", ou seja, ao liberalismo e ao neoliberalismo. Nas suas palavras, cada um de nós enriqueceu *três mil* por cento e o enriquecimento irá difundir-se a nível mundial sem corromper o espírito humano.

Apesar dessas declarações tão imprudentemente jubilosas, antes do eclodir da pandemia de 2020 muitos renomados estudiosos da condição humana tinham vislumbrado nas brechas do tumultuoso progresso tecnológico, nas entrelinhas das relações domadas pelas agências de *rating* e por detrás da bonança de uma paz duradoura a ameaça de possíveis desgraças. Em 2007, Dominique Belpomme, especialista mundial em saúde ambiental, escreveu:

---

[2] Intitulados, respectivamente, *Bourgeois Virtues*, *Bourgeois Dignity* e *Bourgeois Equality*, os três publicados pela The University of Chicago Press (2006, 2010, 2017). Mais recentemente, foi publicada uma "síntese rápida" escrita em conjunto com Carden, Art, *Leave Me Alone and I'll Make You Rich. How the Bourgeois Deal Enriched the World*, Chicago, The University of Chicago Press, 2020.

> Há cinco cenários possíveis para a nossa extinção: o suicídio violento do planeta, por exemplo, uma guerra atômica [...]; o aparecimento de doenças graves, como uma pandemia ou uma esterilidade que determine um declínio demográfico irreversível; o esgotamento dos recursos naturais [...]; a destruição da biodiversidade [...]; e, por fim, as alterações extremas do nosso ambiente, como o desaparecimento do ozônio estratosférico e o agravamento do efeito estufa.[3]

Enquanto a COVID-19 ceifava milhões de vidas, os humanos continuaram a destruir a biodiversidade, a esgotar os recursos naturais, a causar o desaparecimento da camada de ozônio e a agravar o efeito estufa.

Por enquanto sabemos que o comunismo, com a queda do Muro de Berlim, foi derrotado, mas também sabemos que o capitalismo não venceu, porque, se o primeiro aprendeu a distribuir a riqueza, mas não a produzi-la, o segundo aprendeu a produzir riqueza, mas sem saber distribuí-la. Por outro lado, também sabemos que todo o progresso tem as suas vítimas, que quem o promove tende a se desinteressar delas e que quem defende as vítimas tende a se desinteressar pelo progresso.

O efeito global é o de uma contraposição entre dois extremos: os entusiastas acríticos, que olham para o progresso como um "violento assalto contra as forças desconhecidas, para reduzi-las à prostração diante do homem", como defendia o *Manifesto*

---

[3] BELPOMME, Dominique, *Avant qu'il ne soit trop tard*, Paris, Fayard, 2007, p. 194.

*do Futurismo*⁴; e os pessimistas hipercríticos, que olham para o progresso como causa perversa e irredutível da desvalorização do homem. A estes é necessário acrescentar também aqueles que negam a própria existência do progresso, lamentando que não haja mais meias-estações.

## O desafio ansiogênico da complexidade

À inquietude despertada pela ideia de progresso se acresce a ideia não menos perturbadora que os epistemólogos nos transmitem quando falam de complexidade. Existe uma convicção difusa de que o progresso do conhecimento ocorre de maneira simples e linear, através de um gradual aumento do saber ao qual corresponde uma redução igualmente gradual da ignorância. Essa concepção cartesiana pressupõe a finitude do conhecimento humano em contraposição com a infinitude do conhecimento divino.

Com o declínio desse modo de expor o problema nasceu aquilo que Edgar Morin designou de "desafio da complexidade".⁵ Ele recorda-nos que durante muito tempo as ciências humanas e sociais foram consideradas não confiáveis, pois careciam das leis simples, claras e férreas, dos princípios determinísticos e inapeláveis que tornavam "exatas" as ciências naturais. Depois, percebemos que as ciências naturais também sofrem das incertezas, da desordem, da relatividade, das

---

⁴ Publicado em francês no "Le Figaro", 20 de fevereiro de 1909, por Filippo Tommaso Marinetti.
⁵ A designação dá também título ao precioso volume coletâneo de BOCCHI, Gianluca e CERUTI, Mauro (eds.), *La sfida della complessità*, Milão, Feltrinelli, 1985.

contradições, da pluralidade, das complicações que encontramos em todos os processos de conhecimento. E começou o desafio ansiogênico da complexidade.

O conceito de complexidade desfaz a ideia de que o conhecimento — científico e humanístico — é um procedimento ordenado, uma passagem progressiva de uma zona escura que vai diminuindo para outra zona iluminada a aumentar. Como escreve Mauro Ceruti, "a cada aumento do conhecimento corresponde um aumento da ignorância, e a novos tipos de conhecimento correspondem novos tipos de ignorância".[6] Cada descoberta nossa é acompanhada pelo lamento de que a parte ignorada da realidade e do saber sempre extravasam nossa bagagem cognitiva. Por isso, "enfrentar o desafio da complexidade é uma necessidade do pensamento e, sobretudo, um imperativo ético, um imperativo de sobrevivência"[7].

*Dois desafios, duas respostas*
Em comparação com a sociedade industrial, que descobriu um arco temporal de dois séculos entre meados do século XVIII e meados do século XIX, a atual sociedade pós-industrial distingue-se por um progresso mais rápido, radical e penetrante, e por uma maior complexidade do sistema socioeconômico e político. Por isso, o progresso e a complexidade, dos quais somos,

---

[6] CERUTI, Mauro, "La hybris dell'onniscienza e la sfida della complessità", BOCCHI, Gianluca e CERUTI, Mauro (eds.), *La sfida della complessità*, Milão, Feltrinelli, 1985, p. 33.

[7] CERUTI, Mauro e BELLUCCI, Francesco, *Abitare la complessità. La sfida di un destino comune*, Milão/Udine, Mimesis, 2020, p. 19.

ao mesmo tempo, artífices, beneficiários e vítimas, representam dois grandes desafios do nosso tempo.

Entre os vários grupos de pensadores que enfrentaram estes desafios no Ocidente, exerceram particular influência a Escola sociológica e marxista de Frankfurt e a Escola econômica e neoliberal de Viena: a primeira, interessada numa distribuição de riqueza e de poder mais justa para as massas subalternas, apelando à coletividade e confiando na intervenção estatal; a segunda, interessada em concentrar o máximo possível de recursos e poder nas mãos da elite dominante, apelando ao indivíduo e reduzindo ao mínimo o papel do Estado. A disputa entre as duas durou muitas décadas e, atualmente, quem aparece como vencedor é o grupo vienense, com consequências devastadoras para o bem-estar e a felicidade de milhões de seres humanos. O seu domínio intelectual, agora planetário, é o resultado de uma contenda entre duas concepções opostas do indivíduo, da sociedade, da economia e das necessidades humanas.

Por isso, considerei útil, na primeira parte do livro, comparar a história, o pensamento, o método destes dois poderosos grupos criativos para compreender as razões que conduziram aos resultados atuais. Um campo de debate particularmente discordante foi o do papel, do valor e da organização da vida ativa nas suas expressões do trabalho e do ócio, portanto dediquei a segunda parte do livro a este tema.

Sou imensamente grato a quatro pessoas que muito me ajudaram: a Andrea Bosco, da editora Einaudi, por me encorajar com suave intransigência a escrever este livro; a Giorgio La Malfa, por me dar informações úteis sobre as circunstâncias que induziram John Maynard Keynes a escrever *Economic*

*Possibilities For Our Grandchildren*[8]; a Elisabetta Fabiani e a Miriam Mirolla, por terem lido e corrigido o texto com afetuosa atenção.

Também sou grato a Sara Latella pela preciosa leitura final do livro.

---

[8] Parte V da coletânea *Essays on Persuasion*. [N. do T.]

PRIMEIRA PARTE

# Duas Teorias

*A democracia segue dois extremos. Por um lado, reduz-se à arte de guiar um rebanho sem que este se revolte, usando todos os meios para o amansar. Por outro lado, tende para a exigência constantemente renovada e constantemente aprofundada de as pessoas* pensarem em conjunto.

Isabelle Stengers

# A Escola de Frankfurt

*Uma confortável, polida, razoável, democrática não-liberdade.*

Herbert Marcuse

*O Institut für Sozialforschung*
Enquanto os comunistas conquistavam a Rússia com a Revolução de Outubro, enquanto o povo da esquerda não revolucionária se tornava cada vez mais interclassista e se repartia em sutis distinções — social-democracia, socialismo democrático, democracia liberal, socialismo liberal, socialismo libertário, liberal-socialismo, liberalismo social, socio-liberalismo, liberalismo de esquerda, liberalismo progressista, cristianismo social, aliança social-democrata, anarcocomunismo, geolibertarismo, anarquismo coletivista e terceira via —, a sociedade, entre os séculos XIX e XX, mudava radicalmente de forma e de substância graças à revolução cultural desencadeada por filósofos como Nietzsche, cientistas como Einstein, arquitetos como Le Corbusier, literatos como Musil e músicos como Schönberg.

O marxista Karl Marx definiu o seu pensamento como uma "ciência do desenvolvimento histórico objetivo" e o socialista Eduard Bernstein reiterou que, em relação a este método marxista, qualquer programa de esquerda deveria partir de uma escrupulosa análise objetiva da estrutura social e toda a prática deveria ser pensada e organizada tendo por base a evolução das condições reais. Relacionando-se com este princípio, um grupo de sociólogos e de filósofos declaradamente marxistas iniciou em Frankfurt uma das maiores aventuras intelectuais do século XX, deslocando a análise da estrutura do sistema social para a sua cultura.

Na primeira metade do século XX, o eixo da potência industrial transferiu-se da Inglaterra para os Estados Unidos, que, entretanto, tinham dado a contribuição máxima para o nascimento da cultura de massa, que depois se disseminou pelo planeta inteiro com a cumplicidade do conflito mundial.[9] Contra as teorias favoráveis à sociedade de massa e aos seus defensores "integrados", como Edward Shils e Daniel Bell, manifestaram-se críticas vindas dos "apocalíticos" da esquerda (Wright Mills, Harold Lasswell, Umberto Eco etc.) e da direita (Ortega y Gasset, Walter Lippmann etc.). A Escola de Frankfurt o fez a partir da esquerda, com maior sistematicidade, genialidade e persistência. A sua produção intelectual representa uma passagem crucial na elaboração teórica marxista, deixando a marca de uma rara convergência entre a sociologia, o comunismo e a psicanálise.

Aquela que é correntemente designada como Escola de Frankfurt foi, com efeito — segundo a definição de Walter

---

[9] Para a abundante literatura sobre este tema, ver MANNUCCI, Cesare, *La società di massa*, Milão, Edizioni di Comunità, 1967. Já dissertei sobre a sociedade de massa em três obras anteriores: *L'avvento post-industriale*, Milão, Angeli, 1985; *Il futuro del lavoro*, Milão, Rizzoli, 1999; *Il lavoro nel XXI secolo*, Turim, Einaudi, 2018.

Benjamin —, uma "constelação" interdisciplinar de prestigiados intelectuais que orbitava, desde 1923 até aos nossos dias, em redor do Institut für Sozialforschung (Instituto para a Investigação Social), apoiado pela Universidade Goethe de Frankfurt, mas sem integrá-la.[10] Neste livro apresentamos apenas uma rápida panorâmica da produção de alguns dos autores que trataram de temas mais próximos à nossa dissertação.

Depois das tentativas revolucionárias oitocentistas, dos revisionismos socialistas, da Primeira Guerra Mundial e da Revolução de Outubro, estes intelectuais tinham três possibilidades: ou aceitavam a hegemonia soviética; ou tomavam partido pelos socialistas moderados e pela República de Weimar; ou reexaminavam pela base o pensamento marxista à luz do recente progresso tecnológico e do papel central assumido pela cultura de massas, de maneira a perceberem até onde poderiam chegar se fizessem confluir o pensamento e a prática numa ação revolucionária.

Para empreender uma renovação teórica fundamental e uma vasta investigação empírica sobre as mudanças sociais, mantendo, porém, a necessária independência, era preciso ter financiamentos adequados, tanto no começo quanto no fim. Encarregou-se disso o sociólogo marxista Felix J. Weil, que, além de estar em plena sintonia com os outros membros da

---

[10] Sobre a Escola de Frankfurt existe muita literatura. Limito-me a recordar JAY, Martin, *L'immaginazione dialettica. Storia della scuola di Francoforte e dell'Istituto per le ricerche sociali 1923–1950*, Turim, Einaudi, 1979; WIGGERSHAUS, Rolf, *La Scuola di Francoforte. Storia, sviluppo teorico, significato politico*, Turim, Bollati Boringhieri, 1992.

constelação, pertencia a uma família riquíssima. Algo análogo também aconteceu com a Escola de Viena, como veremos.

Além de Weil, Friedrich Pollock, outro sociólogo marxista, também contribuiu para a fundação do Instituto. Progressivamente fizeram parte dele centenas de estudiosos, todos de altíssimo nível, envolvidos nas mais variadas disciplinas, mas em sua maioria sociólogos.[11] A criação do Instituto ocorreu em 3 de fevereiro de 1923. A sede, planejada e construída para o Instituto, foi inaugurada em 22 de junho de 1924. O discurso de inauguração foi proferido pelo diretor Carl Grünberg, o qual conclui "declarando abertamente a sua fidelidade ao marxismo enquanto metodologia científica. Assim como o liberalismo, o socialismo de Estado e a escola histórica tinham a sua sede institucional, também o marxismo iria ser o princípio dominante do Instituto"[12].

*De Frankfurt a Frankfurt passando pelos Estados Unidos*
Horkheimer afirmava que "cada época tem a sua verdade".[13] Os intelectuais de Frankfurt não só perceberam que a sua

---

[11] Entre os membros do Instituto devem ser recordados psicólogos e psicanalistas como Erich Fromm e Bruno Bettelheim; sociólogos da literatura como Leo Löwenthal; economistas como Friedrich Pollock, Henryk Grossmann e Alfred Sohn-Rethel; sociólogos como Theodor W. Adorno, Max Horkheimer, Herbert Marcuse, Walter Benjamin e Jürgen Habermas; arquitetos como Siegfried Kracauer; cientistas políticos como Franz Neumann, Otto Kirchheimer e Franz Borkenau. Mas aderiram ao grupo também artistas, musicólogos e especialistas em fotografia e cinema.
[12] JAY, Martin, *L'immaginazione dialettica*, op. cit., p. 14.
[13] HORKHEIMER, Max, *Sul problema della verità*, em idem, *Teoria critica*, Turim, Einaudi, 1974 [1962], vol. I, p. 253.

época não era a mesma em que tinha vivido e escrito Marx, como também souberam captar as várias verdades, muitas vezes terríveis, subjacentes aos acontecimentos que serviram como pano de fundo à vida do Instituto. Os historiadores da Escola distinguem nela três períodos diferentes. No primeiro, que vai desde o início da Escola até ao exílio americano (1934), os estudiosos que faziam parte da constelação de Frankfurt, embora tivessem Marx como ponto de referência, tinham consciência de que o capitalismo, depois de ter assegurado o domínio sobre a estrutura da sociedade, estava se desenvolvendo em formas que pretendiam manipular a superestrutura: ideologia, família, estética, informação e cultura de massas. Por isso, deslocaram a atenção para o funcionamento dos mecanismos com que o capitalismo conseguia impedir quer o nascimento de uma consciência crítica, quer as consequências revolucionárias da ação antagonista. Além disso, iniciaram um confronto cerrado com as outras correntes filosóficas daquele tempo (positivismo, fenomenologia, existencialismo, pragmatismo e também marxismo, tanto na versão soviética, como na versão social-democrata).

Nesses anos também foram organizadas as várias peças daquele paradigma composto que foi chamado de "Teoria Crítica" evocando a "filosofia crítica" de Immanuel Kant e referindo-se à ideia marxista de fazer convergir teoria e prática na ação revolucionária, pois se considerava ter chegado a hora de mudar o mundo ao invés de limitar-se a interpretá-lo. Os estudos levados a cabo por vários componentes do grupo alimentaram a revista *Zeitschrift für Sozialforschung*, fundada em 1932 sob a direção de Horkheimer, um ano antes de o Instituto ser encerrado pela polícia nacional-socialista.

O segundo período da Escola compreende os anos de exílio que os intelectuais do Instituto passaram nos Estados Unidos e as obras que foram escritas sob o pesadelo do nazifascismo. Como era possível que a racionalidade, considerada pelos iluministas como o recurso mais precioso e identitário dos seres humanos, pudesse degenerar na lógica de domínio e no autoritarismo até conceber o massacre da Segunda Guerra Mundial e a eliminação sistemática do povo judeu? Como era possível ter passado da lógica do domínio do homem sobre a natureza para a lógica do domínio do homem sobre o mundo e sobre o próprio homem, fazendo com que o indivíduo, que antes, graças ao Iluminismo, queria tornar-se livre, feliz e dono de si, se encontrasse na circunstância de ser um escravo infeliz e massificado na sociedade?

A estas perguntas procuraram dar resposta sobretudo Erich Fromm, Max Horkheimer e Theodor Adorno, os quais, nas suas obras, apontaram críticas não só ao capitalismo, mas à civilização ocidental na sua globalidade, onde o novo domínio se enredava nos efeitos da tecnologia.[14]

Em 1950, Horkheimer e Adorno regressaram a Frankfurt para reabrir o Instituto, enquanto Marcuse ficou nos Estados Unidos. Neste terceiro período, os interesses de Adorno concentraram-se na filosofia e na sociologia da música, sobretudo da música contemporânea. Mas tanto ele como os outros nunca deixaram de explorar as matrizes da consciência burguesa e

---

[14] *Escape from Freedom* de Erich Fromm é de 1941, *Dialectic of Enlightenment* de Horkheimer e Adorno é de 1947, *Minima Moralia* de Adorno é de 1951, *The Authoritarian Personality* de Adorno e dos seus colaboradores Else Frenkel-Brunswik, Daniel Levinson e Nevitt Sanford é de 1950.

a destruição do sistema ecológico, na tentativa de orientar o processo histórico passando do desespero para a redenção, a liberdade e a felicidade.

Nesta fase, em plena Guerra Fria, os intelectuais de Frankfurt assumem a tarefa de compreender a fundo as novas técnicas de domínio da classe dirigente e de identificar que outra classe — dado o aburguesamento e a homologação do proletariado operário — seria capaz de ocupar o seu lugar na condução da luta antagonista. *Eros and Civilization* (1955) e *One-Dimensional Man* (1964), de Marcuse, e *Negative Dialectics* (1966), de Adorno, podem ser consideradas as principais obras publicadas nesta fase.

Também neste terceiro período pode-se situar a fase, ainda ativa, marcada pela personalidade de Jürgen Habermas, que pôs em discussão todos os fundamentos da reflexão da Escola de Frankfurt, desde o papel da racionalidade à contradição entre a técnica e a sociedade, entre a economia e a cultura, entre o método materialista e o método transcendental.

*"Kritische Theorie"*
O grupo interdisciplinar de estudiosos que tinha o Instituto como ponto de referência elaborou, ao longo dos anos, uma resposta complexa, mas não sistemática, sobre o capitalismo que eles mesmos designaram como "Teoria Crítica". O denominador comum que ligava estes estudiosos era a rejeição das aberrações que a sociedade havia manifestado da Primeira Guerra Mundial em diante. A finalidade do grupo era levar a cabo investigações socio-filosóficas para analisar empiricamente tais aberrações, as suas causas, as suas dinâmicas, as suas consequências e as ações mais adequadas para corrigi-las. O paradigma de referência

consistia na superação do materialismo, do positivismo e da fenomenologia, na releitura de Hegel e de Kant, no desenvolvimento crítico do pensamento marxista depurado da ortodoxia soviética e das correntes revisionistas. Tudo isso sem excluir a possibilidade de recorrer à revolução de tendência utópica, instrumento radical que o resto da esquerda tinha silenciado e depois cancelado.

Os temas prediletos da Escola, estudados com os contributos da sociologia e da psicanálise freudiana, foram a crítica radical ao desenvolvimento da sociedade capitalista burguesa e sua possível crise; a relação entre capitalismo, Estado e política; o advento do autoritarismo no poder; o futuro das interações humanas na passagem do capitalismo monopolista para o coletivismo socialista; o indivíduo como produto das forças objetivas que governam a sociedade de massa; os efeitos socioeconômicos da automatização; a desumanização e a mercantilização das relações sociais; a esfera individual restringida ao âmbito efêmero do consumo; a cegueira social como resultado da alienação; a ciência, que, escrava do lucro, se torna instrumento de domínio sobre as coisas e sobre os homens; a crítica ao neopositivismo como subjugação da filosofia pela técnica; a indústria cultural colocada, como mostra Giacomo Marramao, "no ponto de interseção entre economia e política, mercantilização das relações sociais e novas formas de domínio"[15].

O aparelho intelectual usado para analisar esta vasta matéria foi, precisamente, a Teoria Crítica, que não consistia num corpo teórico acabado, mas numa série de críticas penetrantes a

---

[15] MARRAMAO, Giacomo, *Benjamin e la Scuola di Francoforte*, Milão/Udine, Mimesis, 2021, p. 15.

outros pensadores, outras correntes, outros sistemas filosóficos. Marramao escreve que os intelectuais da Escola de Frankfurt entendiam a *Kritische Theorie* como

> uma radical redefinição e um relançamento do componente mais vital do pensamento de Marx, com um claro distanciamento em relação ao marxismo, que, nas duas tradições da social-democracia e do leninismo, havia sacrificado a dimensão da subjetividade em favor da dura objetividade das *leis de movimento* da história. Despedir-se destas duas tradições significava reler a crítica de Marx filtrando-a através de novas lentes filosóficas.[16]

Precisamente através destas novas lentes o poder do recente capitalismo parecia entregue não tanto ao aparelho produtivo, mas à sua superestrutura cultural; as capacidades libertadoras da revolução, quando conduzidas com meios e contra inimigos superados, revelavam-se inconsistentes; o proletariado acabava por ser incapaz de se renovar porque, agora, estava integrado à mesma máquina social que deveria ter destruído.

Em síntese, a Teoria Crítica foi a tentativa mais completa de reescrever o marxismo à luz das grandes mudanças do século XX, como ciência socioeconômica centrada na análise não mais da estrutura, mas da superestrutura. Por isso, denunciou a família enquanto sistema que educa em favor da resignação e da obediência, ambas indispensáveis ao capitalismo para inserir o caráter masoquista na personalidade burguesa; acusou a cultura de massas e a indústria cultural; explorou os mecanismos com

---

[16] *Ibidem*, p. 16.

que o Estado autoritário gere as contradições que explodem na sociedade colocando-as sob o controle de uma burocracia que atua em conivência com os partidos e as indústrias, de modo que o mundo e a vida passam a estar totalmente controlados e a civilização se traduza em repressão.

*"Dialética do Iluminismo"*
Todos os membros proeminentes da Escola pertencem a famílias mais do que abastadas. Também vinha de uma família burguesa rica o sociólogo Max Horkheimer (1895–1973), professor de Filosofia Social, segundo diretor do Instituto e, depois, diretor da prestigiada revista oficial da Escola, *Zeitschrift für Sozialforschung*. Em 1933, com o advento do nacional-socialismo, Horkheimer foi expulso da Universidade e refugiou-se primeiro em Genebra e depois em Nova Iorque, onde a Columbia University se tornou a nova sede oficial do Instituto "no exílio". Depois do regresso à pátria e da reabertura do Instituto seguiu-se, na última parte da sua vida, uma fase em que abraçou a visão pessimista de uma humanidade irrecuperável, cada vez mais globalizada e controlada, em que os indivíduos são incapazes de expandir as suas potencialidades e manter a técnica sob controle. Depois de uma existência totalmente dedicada ao estudo da razão e do seu "endeusamento", Horkheimer encerrou-se numa acusação sem apelo nem agravo ao mundo que lhe parecia frenético, mas entediante e sem sentido, enquanto "a verdadeira filosofia se encaminha em direção ao crepúsculo"[17].

---

[17] HORKHEIMER, Max, *La nostalgia del totalmente Altro*, Brescia, Queriniana, 2008 [1970], p. 103.

De família abastada também era o sociólogo e musicólogo Theodor W. Adorno (1903-1969), que estudou, ao mesmo tempo, filosofia e música, foi amigo de romancistas como Thomas Mann e de músicos como Alban Berg, escreveu ensaios de estética e de crítica musical, além de ensaios de sociologia. Com o advento do nacional-socialismo emigrou primeiro para a Grã-Bretanha e, depois, para a América, só regressando a Frankfurt em 1949, onde, dez anos mais tarde, assume a direção do Instituto, sucedendo a Horkheimer.

A Horkheimer e a Adorno devem-se obras fundamentais para a compreensão da modernidade; pensemos, por exemplo, em *Dialética do Iluminismo*, assinada por ambos, ou nos escritos de Horkheimer, agora reunidos em *Studi sull'autorità e la famiglia*.[18] Os horrores da Segunda Guerra Mundial puseram os dois estudiosos perante o mistério de um Ocidente que, enquanto se dedicava ao culto da racionalidade, gerava a barbárie nazista e os campos de concentração. Os dois sociólogos chegaram então à conclusão de que, partindo de Bacon, e com o advento da sociedade industrial e a abordagem positivista, a razão havia sido "endeusada", impelida a colonizar a natureza, a cultura e as relações humanas, usada por alguns homens como instrumento de domínio sobre outros homens e sobre os seus processos interiores de ordem psicológica e psicanalítica. "O Iluminismo", como trata o *incipit* de *Dialética do Iluminismo*, "no sentido mais amplo do pensamento em contínuo progresso, perseguiu desde sempre o objetivo de tirar o medo aos homens e

---

[18] *Idem, Studi sull'autorità e la famiglia*, Turim, Utet, 1974.

de torná-los donos de si mesmos. Mas a terra inteiramente iluminada resplandece sob a égide de uma triunfal desventura"[19].

Esta abordagem crítica representa o denominador comum não apenas destas duas obras, mas de toda a produção científica do Instituto, que denuncia a degeneração da razão ocidental, reduzida, na sociedade de massa, à mera racionalidade instrumental, isto é, à técnica. Deste modo, o domínio da humanidade sobre a natureza por meio da técnica permite aos detentores do aparelho técnico um domínio absoluto sobre o indivíduo, que é esmagado e nutrido ao mesmo tempo. Não só nutrição de alimento, mas também e sobretudo com informações e *loisir*: "A avalanche de informações menores e de divertimentos domesticados dá astúcia e torna estúpido, simultaneamente."[20] Sobretudo, mercantiliza. Reifica e mercantiliza a terra, as coisas, os homens, as relações humanas, os sentimentos, os afetos, as ideias, a cultura, os comportamentos e as almas. Assim, decreta a primazia das mercadorias, torna tudo planificado e conformista.

## "Fuga da liberdade"

Também de família rica era o sociólogo, psicólogo, psicanalista e filósofo Erich Fromm (1900–1980), que, ao contrário dos outros membros da constelação, decididamente marxistas e pessimistas, cultivou um modelo humanista de socialismo democrático, libertário e pacifista, nunca fez política ativa nem pertenceu a

---

[19] *Idem*; e ADORNO, Theodor W., *Dialettica dell'illuminismo*, Turim, Einaudi, 1976 [1947], p. 11.
[20] *Ibidem*, p. 7.

nenhum partido, embora tenha exercido uma influência notável sobre os jovens dos anos 60 e 70.

No livro *Fuga da Liberdade*[21], de 1941, Fromm elabora uma visão própria da história da humanidade entendida como a alternância entre fases em que o homem vive submisso em fases das quais procura libertar-se, oscilando entre a necessidade de liberdade e a necessidade de submissão, mas, no fim das contas, passando sempre de formas velhas para formas novas de escravidão. Entre os séculos XIX e XX, a corrida para a produção econômica isolou cada vez mais o indivíduo, esmagou-o com inseguranças, tornou-o anômico, reduziu-o a uma mera engrenagem da imensa máquina organizadora da grande indústria, condenou-o à insignificância. No fim das contas, o indivíduo sente-se livre quando na realidade vive preso, sente-se autônomo, mas foi construído por aquela mesma família, por aquela mesma escola que deveria promover a independência intelectual do educando.

## "A arte de amar"

Juntamente com Herbert Marcuse, Fromm representou a ala vitalista e comprometida da constelação de Frankfurt, tendo-se dedicado ativamente, e em várias frentes, a restituir ao indivíduo e ao seu trabalho uma relação fértil com a comunidade, para torná-lo mais feliz. No célebre livreto *A Arte de Amar*, de 1956, Fromm denuncia que o crescente processo de concentração capitalista pôs o indivíduo em confronto com a burocracia e fez corresponder o consumo em massa à produção em massa.

---

[21] *Escape from Freedom*, nos Estados Unidos; *The Fear of Freedom*, no Reino Unido. [*N. do T.*]

Para aumentar infinitamente ambas as funções, como faces da mesma moeda, o capitalismo padronizou os gostos de maneira a poderem ser previstos e manipulados. Este sistema massificado

> precisa de homens que se sintam livres e independentes, que não se submetam a nenhuma autoridade e que, todavia, se sintam desejosos de serem comandados, de fazer aquilo que se espera deles, de se adaptarem ao carro moderno sem embreagem; que possam ser guiados sem recurso à força, guiados sem ter chefes, incitados sem terem uma meta que não seja a de renderem, a de estarem nos seus postos, de funcionarem, de seguirem em frente.[22]

À solidão junta-se um profundo sentimento de culpa que o produtor-consumidor procura aplacar mergulhando no trabalho do dia-a-dia, na indústria do entretenimento, no consumismo compulsivo, alternando esperanças eternas com desilusões eternas, reduzindo-se a funcionário eficiente, "razoavelmente independente, cooperante, tolerante e, ao memso tempo, ambicioso e agressivo"[23].

A salvação pode vir do trabalho. "No processo laboral, ou seja, modelando e mudando a natureza que o rodeia, o homem modela-se e muda a si mesmo", o que lhe consente recuperar os desejos fundamentais de unidade e transcendência se o conceito de concorrência agressiva — típico da economia liberal, em que o homem está em competição eterna com o outro homem — e a díade Eros/Tanatos — própria da psicanálise freudiana, em

---

[22] FROMM, Erich, *L'arte d'amare*, Milão, Mondadori, 1968 [1956], p. 109.
[23] *Ibidem*, p. 111.

que o macho é guiado por um desejo ilimitado de conquista — forem substituídos pela arte de amar, que exige conhecimento do outro, responsabilidade, respeito e disponibilidade.

*Eros e civilização*
Em 1955, um ano antes da publicação de *A Arte de Amar*, o sociólogo Herbert Marcuse (1898–1979), também de família rica, publicou *Eros and Civilization: A Philosophical Inquiry into Freud*, um ensaio de extraordinária e profética potência, que podemos inserir no âmbito do freudo-marxismo, com referências a Heidegger. Segundo a teoria de Freud em *O Mal-Estar na Civilização*, a que Marcuse se refere, o progresso econômico e tecnológico obtido com os métodos atuais, ao invés de almejar o desenvolvimento da personalidade, baseia-se na repressão do Eros e por isso a civilização exige o mal-estar da neurose e a renúncia à felicidade. No estado a que ela chegou, "a felicidade deve subordinar-se a um trabalho que ocupa o dia inteiro, à disciplina da reprodução monogâmica, ao sistema constituído pelas leis e pela ordem".[24] Trabalhamos até à desorientação, à estupidez e à repressão de qualquer pulsão vital. A cultura dominante baseia-se no sacrifício metódico da libido, no seu inexorável desvio para atividades e expressões unicamente preocupadas com a utilidade. Prometendo um aumento contínuo da produtividade e do bem-estar, o sistema consegue esconder os danos que ele próprio produz: mecanização e padronização da vida, empobrecimento psíquico, destruição e restrição crescentes da liberdade. E quando as conquistas materiais e intelectuais da humanidade parecem permitir a construção de um mundo

---

[24] MARCUSE, Herbert, *Eros e civiltà*, Turim, Einaudi, 1964 [1955], p. 37.

finalmente livre, quando a civilização parece atingir o seu ápice, chega ao máximo também a subordinação do homem ao homem. Portanto, o progresso é ambivalente porque produz cada vez mais bem-estar e cada vez mais opressão, ou seja, infelicidade. Para sobreviver, os homens são obrigados a trabalhar sob as ordens de outro homem, controlados por um sistema que eles mesmos não controlam.

Mas nada demonstra que também no futuro civilização deva coincidir com repressão e progresso com domínio. A partir do momento em que o progresso da vida se caracteriza pelo jogo entre Eros e Tanatos, é lícito supor que a própria civilização repressiva cria as condições de uma gradual eliminação da repressão. O progresso atingiu um nível tal de produtividade que poderia tranquilamente reduzir a quantidade de trabalho alienado e dedicar-se à satisfação das necessidades de receptividade, contemplação e prazer. Seria, porém, necessário renunciar aos jogos de poder e de domínio para que o princípio do prazer possa prevalecer sobre o princípio da realidade. A Prometeu, herói civilizador do esforço, da produtividade e do progresso por meio da repressão, é necessário contrapor Orfeu, Narciso e Dionísio:

> São uma imagem de alegria e de realização: a voz que não ordena, mas canta; o gesto que oferece e recebe; a ação que é paz e que termina o trabalho de conquista;
> a libertação das amarras do tempo, que une o homem ao deus, o homem à natureza.[25]

---

[25] *Ibidem*, p. 171.

A experiência estética e o impulso para o jogo têm a possibilidade de pôr fim à corrida pela produtividade violenta e exploradora, libertando a natureza da sua brutalidade e tornando-a capaz de desenvolver a plena riqueza das suas formas "inúteis"[26]. Como é óbvio, "a transformação do trabalho cansativo em jogo, da produtividade repressiva em 'livre crescimento', deve ser precedida pela abolição da penúria como fator determinante de civilização"[27].

Nada impede que se supere o consumismo compulsivo e a opulência vazia que alienam o Ocidente. É tempo de construir uma sociedade em que Tanatos não reprima Eros e em que "a razão repressiva é substituída por uma *nova racionalidade da satisfação*, para a qual razão e felicidade convergem".[28] Deste modo, a existência é vivida como um jogo livre (ou, diria eu, como um ócio criativo).

### O agir fluido do sistema

Em 1964, Marcuse deu continuidade ao estudo da sociedade repressiva e ao seu projeto de sociedade não nivelada. "Na civilização industrial avançada prevalece uma confortável, suave, razoável e democrática não-liberdade, sinal de progresso técnico"[29], é o *incipit* do célebre *One-Dimensional Man: Studies in the Ideology of Advanced Industrial Society*, que se tornará o evangelho dos estudantes ocidentais de 1968, tal como o livro

---

[26] *Ibidem*, p. 194.
[27] *Ibidem*, p. 197.
[28] *Ibidem*, p. 223.
[29] MARCUSE, Herbert, *L'uomo a una dimensione*, Turim, Einaudi, 1967 [1964], p. 21.

vermelho de Mao havia sido o evangelho dos estudantes chineses de 1964.

Este texto consagrado da contracultura revolucionária e libertária pressupõe que a sociedade industrial avançada — aquela que designo como sociedade pós-industrial — é irracional na sua aparente racionalidade e disfuncional no que toca à felicidade, pela sua aparente funcionalidade útil. Embora a sua forma de governo seja democrática, trata-se sempre de uma sociedade totalitária devido ao seu sistema de produção e de distribuição que, não obstante seja iníquo, é perfeita e astutamente compatível no plano político com uma pluralidade de partidos e com um equilíbrio de poderes. A corrida pela produtividade obriga a um trabalho alienante e não consegue a redução das desigualdades. Aliás, a riqueza crescente concentra-se nas mãos de um número decrescente de pessoas. O mesmo pode ser dito da tecnologia e das ciências organizacionais.

A sociedade totalitária e unidimensional que converte a ilusão em realidade e a ficção em verdade produz o homem "de uma dimensão" e nega a alguns a satisfação das necessidades primárias enquanto atordoa os outros com a satisfação de necessidades fictícias. Trabalha com a integração, uniformizando e integrando. Estimula nos pobres os mesmos desejos dos ricos e ilude-os com a possibilidade de escolha quando já a determinou através da moda e da propaganda. Nesta sociedade, o pensamento do indivíduo vale e é livre de se exprimir só na medida em que coincide com o pensamento dos poderosos e não põe em perigo "o agir fluido do sistema".

Neste contexto, a missão do sociólogo consiste em criticar as distorções do presente e indicar a emancipação do futuro. O ideal, que Marcuse considera possível e obrigatório, consiste numa sociedade liberta da repressão da sexualidade, do afã do trabalho e da produtividade, da alienação induzida pela indústria cultural e pelo totalitarismo político. Nessa sociedade é finalmente possível ao homem reconquistar as suas múltiplas dimensões, a busca desinibida do prazer emancipado do complexo de culpa, o livre e aprazível exercício de atividades lúdicas, eróticas e estéticas.

Para substituir a sociedade repressiva e integrante por uma sociedade livre e feliz, não são mais os trabalhadores assalariados que constituem a classe antagonista, a qual, libertando a si mesma, liberta toda a humanidade. Ao invés deles, são os grupos de dissensão dos países avançados, os condenados da terra do Terceiro Mundo, todos aqueles que almejam uma emancipação total através de uma recusa total.

*A opulência repressiva*
Em 1966, dois anos depois de *One-Dimensional Man* e onze anos após a primeira publicação de *Eros and Civilization*, Marcuse escreveu um prefácio político à nova edição desta obra, que já era, precocemente, um "clássico"[30]. Neste prefácio, o autor põe de lado o otimismo de *Eros and Civilization*. Na altura, parecia-lhe plausível a hipótese de que a sociedade pós-industrial, ao contrário da sociedade industrial, tinha os requisitos para permitir a Eros prevalecer sobre Tanatos, ensinando ao homem a gaia ciência necessária para derrotar os instintos de morte através dos instintos vitais. Porém, nos anos que se seguiram,

---

[30] MARCUSE, Herbert, prefácio político de 1966 a *Eros e civilità*, ed. italiana de L. Bassi, Turim, Einaudi, 1967. Todas as citações de Marcuse neste parágrafo pertencem ao referido prefácio.

deu-se conta de que o sentido de marcha da evolução histórica — chamado progresso — conduziu a uma ligação cada vez mais sólida entre produtividade e destruição, liberdade e repressão. O controle social, primeiramente confiado à necessidade de trabalho e ao trabalho como esforço, em vez de atenuado, foi astutamente reforçado adotando os mesmos instrumentos que criam riqueza para impedir os homens de se libertarem. Em outras palavras, este progresso tecnológico, à medida que liberta o homem das necessidades de sobrevivência, reprime nele a necessidade de libertar a si mesmo. Se o bem-estar não é suficiente para o estupidificar, intervém a manipulação social e a ciência das relações humanas, que reprimem ainda mais a sua libido.

O sistema da sociedade opulenta é regido pelo mecanismo de produção/consumo de bens inúteis, fúteis, destrutivos, intencionalmente obsoletos e, para que se expanda, já não é suficiente o estímulo econômico nem a coação das leis: é preciso condicionar cientificamente as necessidades instintivas e transformar as mercadorias em objetos de libido. Entretanto, para acirrar e satisfazer a agressividade inconsciente, distorce-se, exagera-se e atira-se à voracidade das massas um inimigo da nação qualquer que é preciso combater e odiar.

Como este progresso se baseia numa prudente combinação entre liberdade e escravidão, entre produção e destruição — uma vez que o aumento da produtividade conduz inexoravelmente ao consumismo, às guerras e ao aumento das desigualdades —, para recuperar a tendência instintiva para a liberdade, a serenidade, a paz e a satisfação do Eros, é preciso repudiar a opulência repressiva invertendo a direção de marcha do progresso. Requerem-se três condições para isso.

Antes de mais nada, é preciso abandonar a utopia do super-homem nietzschiano, optando por um homem suficientemente inteligente e saudável — sem impulsos que o levem a viver perigosamente, satisfeito por fazer da vida um fim em si, vivendo-a alegre e sem medo —, cujo corpo se transforma de instrumento de esforço em instrumento de prazer. Depois, é necessária a recusa consciente e difusa de trabalhar na produção dos instrumentos materiais e *intelectuais* atualmente usados contra a humanidade por uma minoria privilegiada. Por fim, é preciso tomar consciência de que o trabalho manual do operário vai diminuindo e de que as organizações operárias colaboram cada vez mais na defesa do *statu quo*.

## O fim da história

A cultura sociopolítica do século XX foi profundamente marcada pelo confronto dialético entre a Escola sociológica neomarxista de Frankfurt e a Escola económica neoliberal de Viena, que veremos adiante. Em pleno triunfo do niilismo e do antissocialismo, num contexto burguês e conservador, os intelectuais de Frankfurt, explicitamente marxistas, impuseram-se pela originalidade incisiva desde meados do século XX.

Se, como veremos, o neoliberalismo foi a melhor resposta, teórica e prática, oferecida pela Escola económica de Viena à exigência de renovar o pensamento e a ação do liberalismo, a Teoria Crítica foi a melhor resposta, exclusivamente teórica, à exigência de renovar o pensamento marxista. O resultado deste confronto está perante o olhar de todos: as ideias dos estudiosos de Frankfurt são apreciadas no mundo intelectual, mas, se excetuarmos a influência que Fromm e Marcuse exerceram em 68, tais ideias nunca se traduziram numa consistente ação política capaz de mudar a sociedade. O neoliberalismo, pelo contrário, tornando-se estratégia dos empresários e política econômica dos governos, domina quase todo o planeta de uma forma tão onívora que leva a se falar do "fim da história".[31] As razões dessa derrota residem não só na força teórica e prática dos neoliberais, mas também na fragilidade, sobretudo prática, dos pensadores da Escola de Frankfurt. Indico apenas algumas.

Um provérbio italiano diz que "a raposa ganha do cão porque corre sozinha". Os membros da constelação de Frankfurt não corriam sozinhos, eram burgueses antiburgueses, havia uma contradição intrínseca no fato de pertencerem a uma classe social e de lutarem por outra. Nascidos na alta burguesia, nunca abandonaram o seu estilo de vida, suscitando a ironia depreciativa de György Lukács, segundo o qual "uma parte considerável da melhor *intellighenzia* alemã, Adorno incluído, ficou alojada no *Grande Hotel do Abismo*, um belo hotel, munido de todo o conforto, à beira do abismo, do nada e da insensatez"[32].

Enquanto os pensadores de Frankfurt, marxistas, tinham "aversão estética e política à sociedade burguesa"[33] e punham a própria genialidade ao serviço da revolução que iria destrui-la, os vienenses, neoliberais, "corriam sozinhos", isto é, estavam

---

[31] FUKUYAMA, Francis, *La fine della storia e l'ultimo uomo*, Milão, Rizzoli, 1992. Segundo o autor, é muito provável que o governo do mundo tenha atingido a sua forma definitiva, dada a difusão planetária das democracias liberais, do capitalismo e do estilo de vida ocidental.

[32] LUKÁCS, György, introdução de 1962 a *Teoria del romanzo*, Milão, SE edizioni, 2015, p. 20; mas este trecho é, na realidade, uma citação do próprio Lukács, que ele vai buscar no livro *La distruzione della ragione*, Turim, Einaudi, 1959 [1954].

[33] JAY, Martin, *L'immaginazione dialettica*, op. cit., p. 11.

a serviço dessa mesma burguesia em que tinham nascido e em que viviam à vontade, para que esta triunfasse sobre a classe antagonista.

Há que se considerar, depois, as características próprias da produção da Escola de Frankfurt, que abrange uma ampla variedade de temas, não tendo qualquer sistematização, chegando inclusive a preferir o artigo e o aforismo ao ensaio (como fez Horkheimer), não apresentando uma exposição sistemática e muito menos uma obra-manifesto que sintetize a crítica à sociedade existente, o modelo alternativo almejado, o método para colocá-lo em prática. Da imensa quantidade de escritos publicados pelos membros do Instituto, apenas dois livros — *A Arte de Amar* de Fromm e *O Homem Unidimensional* de Marcuse — chegaram ao grande público, sendo mais citados do que realmente lidos. Coisa que surpreende duplamente, pois são autores que conheciam perfeitamente os mecanismos de consumo de massas. De resto, o estilo de escrita de ambos é muito acadêmico e, em alguns casos (por exemplo, em Habermas), desafia a paciência do leitor. Note-se também que os vienenses, sendo economistas, conseguiram vencer o prestigiado Prêmio Nobel enquanto os pensadores de Frankfurt, embora usufruindo de grande reputação no mundo intelectual, não conseguiram aspirar a um reconhecimento com o mesmo conceito.[34]

---

[34] A bem da verdade, diga-se que o Prêmio em Ciências Econômicas em memória de Alfred Nobel, instituído em 1969 pelo Banco Sueco, com os seus fundos, e atribuído a economistas, entre os quais muitos neoliberais, nada tem a ver com o verdadeiro prêmio instituído por Alfred Nobel, com fundos próprios, e reservado para a Física, a Química, a Medicina, a Literatura e a Paz.

Como é óbvio, a comparação entre as duas Escolas não é ortodoxa. Os intelectuais de Frankfurt, embora inclinados para o radicalismo de pensamento, sempre se mantiveram distantes da política militante. Como observa Yeats no poema *The Choice*, se "o intelecto do homem é obrigado a escolher / a perfeição da vida ou a perfeição da obra", os intelectuais de Frankfurt escolheram a perfeição da obra. Em nome da objetividade e da distância necessárias à crítica, isolaram-se do mundo ao redor e da cultura dominante enquanto estiveram na Alemanha; em seguida, para escaparem ao nazismo, fugiram para os Estados Unidos. E em vez de se lamentarem por este isolamento, fizeram da experiência uma condição irrenunciável para a sua reflexão sociológica e um motivo de orgulho para a sua aristocracia intelectual.

Em suma, uma elite do pensamento, pronta a usar o cérebro e dar a cara, mas não a sujar as mãos, ao contrário dos neoliberais de Viena, bastante envolvidos na economia e no mundo financeiro, capazes de conquistar postos de chefia na banca, nas empresas, nos ministérios, mais do que disponíveis para pôr toda a sua ciência ao serviço dos poderosos, para curvarem as políticas econômicas aos interesses da burguesia. "O resultado", como reconhece, de novo, Jay, "foi que a Escola de Frankfurt preferiu optar pela pureza da sua teoria em detrimento de pertencer a um partido, que uma vontade real de concretizá-la exigiria"[35].

Ao contrário de muitos outros marxistas, os intelectuais de Frankfurt mantiveram-se distantes também dos contextos proletários. Mas em compensação, valorizaram a mediação

---

[35] JAY, Martin, *L'immaginazione dialettica*, op. cit., p. 49.

intelectual de Marx para analisar as novas formas de exploração e alienação, apropriaram-se da motivação de todos os velhos e novos explorados, revelaram-lhes as identidades escondidas, deram-lhes uma voz competente, dedicaram todas as suas energias à crítica da sociedade capitalista, lutaram contra o nazismo e pagaram as consequências disso com o exílio, emanciparam termos e conceitos carregados de antagonismo, tais como "classe" e "revolução", e criaram termos e conceitos como "indústria cultural" e "sociedade de massa".

Vale a pena concluir este capítulo com a narração de um episódio que pode nos ajudar a definir o seu caráter. No final dos anos 60, enquanto o movimento estudantil se consolidava com a luta de classes dos operários, Adorno era o diretor do Instituto e um dos seus alunos era Hans-Jürgen Krahl, jovem brilhantíssimo, principal expoente da ala antiautoritária da Liga alemã dos estudantes socialistas.

Em 1968, os estudantes ocuparam o Instituto e Adorno chamou a polícia, que deteve 75 ocupantes, entre os quais o próprio Krahl, repudiando, assim, o seu aluno predileto e contradizendo as ideias de revolução e de liberdade defendidas pelos pensadores de Frankfurt durante 45 anos de luta intelectual pelo marxismo. Krahl, como se sabe, guiou o movimento estudantil com criatividade generosa e, na véspera do Natal de 1969, foi condenado a um ano e nove meses de prisão efetiva por ter se manifestado contra a guerra no Vietnã. Morreu aos 27 anos num acidente de automóvel, e em 1971 foram publicados, postumamente, todos os seus escritos.[36] Antes de morrer,

---

[36] KRAHL, Hans-Jürgen, *L'intelligenza in lotta. Sapere e produzione nel tardo capitalismo*, Verona, ombre corte, 2021.

Krahl atacou diretamente o seu professor Adorno e o grupo de intelectuais do Instituto — sobretudo, Jürgen Habermas —, imputando-lhes a incapacidade de passarem da teoria para a prática revolucionária, acusando-os, aliás, de sequer a teorizarem: "O vício imediatamente prático da Teoria Crítica consiste na ausência teórica da luta de classes na formação da própria teoria. A miséria da Teoria Crítica consiste simplesmente na ausência da questão organizativa."[37]

O aluno criticava os professores por não terem percebido aquilo que, por acaso, não quiseram perceber. E esta recusa intelectual determinou o fracasso que o próprio Horkheimer confessa em uma impiedosa síntese:

Quando surgiu, nos anos 20, a Teoria Crítica inspirou-se na ideia de uma sociedade melhor; tinha uma postura crítica em relação à sociedade e igualmente crítica em relação à ciência. [...] Esperávamos que tivesse chegado a hora em que esta sociedade iria concretizar-se tendo em vista o bem de todos. [...] O caminho da sociedade que, por fim, começamos a ver, e que hoje julgamos, é completamente diferente. Estamos convencidos de que a sociedade se transformará num mundo totalmente controlado.[38]

---

[37] *Idem, Costituzione e lotta di classe*, Milão, Jaca Book, 1973, p. 322.
[38] HORKHEIMER, Max, "La teoria critica ieri e oggi", DONAGGIO, Enrico (ed.), *La Scuola di Francoforte. La storia e i testi*, Turim, Einaudi, 2005 [1969], pp. 372–374.

# A Escola de Viena

*A sociedade não existe, só existem os indivíduos.*

Margaret Thatcher

*O liberalismo entre a felicidade e a riqueza*
A outra grande resposta que o Ocidente soube dar ao duplo desafio do progresso e da complexidade veio da Escola econômica de Viena, que, infelizmente, ao contrário da Escola de Frankfurt, pôs em primeiro plano o aumento da riqueza. E a riqueza, como se costuma dizer, não traz felicidade, ainda que, quase sempre, a simule muito bem. É uma pena, porque todos os pais "clássicos" do liberalismo tinham, ao contrário, assumido a felicidade como objetivo essencial das ações humanas, a começar pelas econômicas.

Na sua obra fundamental *An Essay Concerning Human Understanding*, publicada em 1690, John Locke afirma sem meios termos: "Se me perguntassem o que move o desejo, eu responderia: a felicidade e nada mais" (II, xxi, 41). E o surpreendente ensaio *Theory of Moral Sentiments*, que Adam Smith publicou em 1759 e depois revisou várias vezes até sua morte, abre com a afirmação de que não é possível ser feliz se todos aqueles que nos rodeiam não o forem também:

> Por mais egoísta que o homem possa ser considerado, estão claramente presentes na sua natureza alguns princípios que o tornam participante da felicidade dos outros, e que tornam para ele necessária a felicidade dos outros, apesar de não obter dela mais do que o prazer da contemplação.[39]

Depois, ao longo do livro, a felicidade regressa pelo menos cerca de vinte vezes como objeto de análise, e Smith sublinha que é necessário desejar a felicidade de todos e não apenas de poucos ou de um só.

> As ações que tendem para a felicidade de uma grande comunidade, porque demonstram uma benevolência mais ampla do que as que tendem apenas para a felicidade de um sistema de dimensões mais reduzidas, são proporcionalmente mais virtuosas. O afeto mais virtuoso é o que tem como objeto a felicidade de todos os seres racionais. Ao contrário, o menos virtuoso de todos os afetos a que se pode atribuir, de alguma forma, o caráter de virtude é aquele que não tende para outra coisa que não seja a felicidade de um indivíduo.[40]

Jeremy Bentham teorizou o direito ao prazer no ensaio *An Introduction to the Principles and Morals and Legislation* (1789); John Stuart Mill teorizou o direito à felicidade no ensaio *Principles of Political Economy* (1848); ambos foram filantropos que lutaram por transformar as suas ideias em

---

[39] SMITH, Adam, *Teoria dei sentimenti morali*, Milão, Mondadori, 2009 [1759], p. 81.
[40] *Ibidem*, p. 573.

bem-estar concreto dos cidadãos. Entretanto, em 1776, havia sido aprovada a Declaração de Independência dos Estados Unidos da América, que continha um parágrafo que se tornaria célebre:

> Consideramos estas verdades como evidentes por si mesmas, que todos os homens são criados iguais, dotados pelo Criador de certos direitos inalienáveis, que entre estes estão a vida, a liberdade e a procura da felicidade.

Como bom neoliberal, Ludwig von Mises acusou o liberal Stuart Mill de ser "o maior advogado do socialismo". Com Mises, também os outros membros da Escola de Viena se desligaram da busca pela felicidade para se concentrarem na busca da riqueza, chegando ao ponto de considerarem totalmente compatível com a deontologia profissional de um economista prestar consultadoria a um ditador como Pinochet.

*Jovens certos no lugar certo*
Também a Escola econômica de Viena, tal como a Escola sociológica de Frankfurt, foi uma constelação de estudiosos que nela se reuniram ou gravitaram ao seu redor ao longo dos anos, passando do pensamento marginalista e neoclássico para o pensamento neoliberal. Janek Wasserman, que reconstruiu com detalhes a história da Escola,[41] conta que desde o primeiro

---

[41] WASSERMAN, Janek, *I rivoluzionari marginalisti. Come gli economisti austriaci vinsero la battaglia delle idee*, Vicenza, Neri Pozza, 2021. A literatura sobre a Escola Econômica de Viena também é muito abundante. Limito-me a citar D'ERAMO, Marco, *Dominio. La guerra invisibile dei potenti*

período foram lançadas as bases teóricas do pensamento marginalista e os adeptos inauguraram o estilo — rigoroso nos estudos, batalhador nos debates e elegante no porte — que iria caracterizar os períodos seguintes.

Viviam-se os anos da grande Viena, entre os séculos XIX e XX, quando a capital austro-húngara pululava de artistas e cientistas, os quais, em número e genialidade, marcarão a cidade na história da criatividade humana como exemplos de excelência. É neste ambiente fértil que os jovens economistas da Escola vienense crescem, entre cafés *Jugendstil*, salões acolhedores e elegantes, associações científicas e humanistas, e depois *Kreise, Kreise, Kreise*, ou seja, círculos, círculos, círculos de todo o gênero, filosóficos, artísticos, literários, psicológicos, científicos, laboratórios incandescentes onde se realizavam debates, conferências e exposições ininterruptas, onde se exibiam novidades intelectuais e onde confluíam de todas as partes do mundo cérebros igualmente raros para obter informações, compreender e rebater.

Desde os primeiros anos da Escola, os seus impulsionadores foram, por direito, sociólogos não apenas de gênio, mas também de espírito de iniciativa: Menger, Böhm-Bawerk, Wieser, primeiro, Mises, Kayek, Haberler e outros, depois; eram todos *von*, isto é, nobres, aristocratas, ricos, bem instruídos e relacionados. Se Keynes, depois de se questionar: "Sou um liberal?", respondeu dizendo: "A luta de classes coloca-me do lado da

---

*contro i sudditi*, Milão, Feltrinelli, 2020; SLOBODIAN, Quinn, *Globalists. La fine dell'impero e la nascita del neoliberalismo*, Milão, Meltemi, 2021.

burguesia culta",⁴² todos esses economistas, por sua vez, responderiam: "A luta de classes coloca-nos do lado da aristocracia cultíssima."

Em Viena, os nossos economistas fizeram amadurecer uma cultura interdisciplinar que dava espessura e amplitude à ciência econômica a que se dedicavam com fervor e rigor quase religiosos. E aqui compreenderam que, para impor no mundo inteiro a torção que ambicionavam dar a essa ciência, era preciso frequentar lugares e estar do lado das pessoas que contam, cortejar mecenas, satisfazer financiadores, ocupar cátedras universitárias, cargos ministeriais, presidências bancárias e câmaras de comércio, tocando implacavelmente todas as cordas da propaganda, desde as canções de taberna até as revistas mais exclusivas. Era preciso também confrontar, para os vencer, os inimigos mais temíveis: o ordoliberalismo alemão, o keynesianismo britânico, o comunismo marxista, a planificação econômica soviética e o totalitarismo nazifascista, mirando nos líderes para desafiá-los no seu próprio território. Neste âmbito, souberam atrair para os seus seminários vienenses personalidades do topo, como Max Weber, Lênin, Stalin e Trotsky.

*A primeira geração*
Pode-se coincidir o nascimento da Escola de Viena com o ano de 1817, quando foi publicada a obra *Grundsätze der Volkswirtschaftslehre* [*Princípios de Economia*], de Carl Menger (1840–1921), um dos fundadores do marginalismo, juntamente

---

[42] KEYNES, John Maynard, *Sono un liberale?*, em *idem*, *La fine del «laissez-faire» e altri scritti economico-politici*, Turim, Bollati Boringhieri, 1991 [1925], p. 46

com o francês Léon Walras, o inglês William Stanley Jevons e o italiano Vilfredo Pareto.

Ao redor de Menger e das ideias neoclássicas começou a formar-se uma verdadeira escola, tendo sido Eugen von Böhm-Bawerk (1851-1914) e o seu cunhado Friedrich von Wieser (1851-1926) dois dos seus alunos mais ativos, capazes de suscitarem interesse inclusive fora da Áustria, não apenas pelos conteúdos inovadores dos seus livros, mas também pela intensidade com que atacavam o socialismo marxista, colocando-se, assim, à frente de todos os intelectuais conservadores, nacionalistas e liberais. Por essa via, a emergente Escola de Viena ganhava também conotações políticas, sociais, filosóficas e jurídicas que ampliavam o seu campo de estudo: a crítica anticomunista e antissocialista, a análise e a metodologia econômica, as finanças públicas, a relação entre o Estado e o mercado. Quando Rudolf Auspitz (1837-1906) e Richard Lieben (1842-1919) se juntaram a Böhm e a Wieser, e a muitos outros colegas, a Escola ficou mais rica, e não só em competências matemáticas; também ficou mais protegida devido ao prestígio e à generosidade de duas das famílias mais abastadas de Viena, compostas por banqueiros, homens das finanças, industriais, mecenas, professores, *salonnières* e filósofos.

Segundo von Hayek, "ninguém pode ser um grande economista se for apenas economista".[43] No paradigma profissional da Escola, esta afirmação significou várias coisas: que o conhecimento da economia requer um saber interdisciplinar capaz de transformar disciplinas como a matemática, sociologia, psicologia, filosofia, história e a ciência política; mas também que o

---

[43] Citado em WASSERMAN, Janek, *I rivoluzionari marginalisti*, *op. cit.*, p. 201.

economista, além de estudar, ensinar e publicar, deve lutar para afirmar as suas ideias; deve também esforçar-se por concretizar essas mesmas ideias testando-as nos postos de comando dos bancos, das câmaras de comércio e nos ministérios; por fim, significa também que para levar adiante uma escola, alugar uma sede, formar alunos e pagar docentes é preciso dinheiro; o dinheiro requer financiamento do Estado ou de mecenas; para encontrar uns e outros é necessário um exercício assíduo de *lobbying* e relações públicas.

É esta a característica distintiva da Escola de Viena, aquilo que mais a diferencia quer dos liberais clássicos — sóbrios, pedagógicos, atentos aos sentimentos humanos — quer da Escola da Frankfurt — reservada, distante dos partidos, do dinheiro e dos lugares de poder.

Böhm e Wieser foram os primeiros: ocuparam postos de grande importância (tanto Böhm como Wieser foram ministros das Finanças em várias legislaturas), fundaram uma associação de economistas austríacos (*Göv, Gesellschaft Österreichischer Volkswirthe*) e uma revista de economia (*Zeitschrift für Volkswirtschaft, Sozialpolitik und Verwaltung*), participaram ativamente na vida econômico-política. Escreve Wasserman[44] que "esta atividade de fundadores de instituições e de negociantes de influência acabou por ser a principal característica da Escola ao longo das gerações". A associação e a revista tornaram-se um receptáculo de ideias e foram propulsoras de um iluminado "progressismo paternalista", que fez da Escola um centro de poder intelectual e político, e de Viena uma capital

---

[44] *Ibidem*, p. 72.

internacional dos estudos econômicos. Nos anos que antecederam a Primeira Guerra Mundial, a Escola viveu o que Hayek chamou de "idade de ouro".

*A segunda geração*
Nste ponto, a Escola entrou em crise. Mas, ao mesmo tempo, começaram a surgir os contributos de jovens estudantes de Böhm, como Joseph Schumpeter (1883-1950) e Ludwig von Mises (1881-1973), que teriam um papel determinante na história dos economistas austríacos. Schumpeter, que entrou em confronto com o seu professor, foi Ministro das Finanças na primeira república austríaca; tendo depois emigrado para os Estados Unidos, tornou-se professor em Harvard e terá como alunos Paul Samuelson, Paul Sweezy e Paolo Sylos Labini; von Mises tornar-se-á um dos fundadores indiscutíveis do neoliberalismo.

Nas vésperas da Primeira Guerra Mundial, o grupo dos economistas austríacos já tinha no currículo uma brilhante série de batalhas teóricas em nome do liberalismo contra o socialismo, do marginalismo contra o marxismo, das ciências sociais dedutivas contra as indutivas, da burguesia contra o proletariado. Trazia uma rica experiência de como se difundem as ideias próprias num domínio internacional e de como se traduz "o verbo em carne", ocupando lugares importantes nos bancos e nos ministérios, inclusive quando estas instituições são guiadas por socialistas. "Se alguém quiser suicidar-se, é bom que haja um médico presente", ironizará Schumpeter. A Escola, por outro lado, defendia com convicção que a coexistência pacífica só era possível em economias capitalistas; que defrontar o socialismo, inclusive com agressividade, e ser a favor das políticas econômicas liberais era um dever civil; que a Escola vienense tinha tudo para se tornar o baluarte da direita conservadora; e que tinha a missão histórica de salvar a burguesia da ameaça marxista, e os ricos da ameaça dos pobres.

*Entre as duas guerras*
Böhm morreu em 1914 e Wieser aposentou-se em 1922. A Escola atravessou um período difícil, fragmentou-se, mas não se dissolveu. Os economistas mais jovens mostraram trabalho com livros, conferências, artigos divulgados em vários meios, chegando mesmo a criar um círculo *ad hoc*, o *Geist-Kreis*, e frequentando um seminário quinzenal que von Mises orientava no seu gabinete entre meados dos anos 20 e meados dos anos 30. Tudo isso permitiu que se conservasse o estilo rigoroso, polêmico, interdisciplinar e internacional dos bons tempos de Böhm, com uma pitada maior de elegância e de uma atitude quase sectária.

Em 1927, exatamente quando a "Viena vermelha" estava nas mãos dos social-democratas, von Mises fundou um Instituto para o estudo dos ciclos econômicos (*Österreichisches Institut für Konjunlturforschung*), decididamente antimarxista, e confiou a sua direção a von Hayek. Para von Mises, "as ideias é que fazem a história, não as *forças produtivas materiais*";[45] mas, de fato, o Instituto fazia a sua história entregando-se, sobretudo, a estas forças: os 47 membros do conselho de administração que colaboravam com Mises e Hayek eram todos empresários, gestores de alto escalão, banqueiros, representantes do governo

---

[45] MISES, Ludwig von, *Socialismo. Analisi economica e sociologica*, Milão, Rusconi, 1990 [1922], p. 557.

federal, lobistas, em qualquer dos casos, conservadores e benfeitores generosos. É precisamente nestes anos e nesta Escola que nasce "o intelectual público", o economista que faz carreira nos bancos e nos ministérios, que financia os seus estudos vendendo serviços científicos aos operadores econômicos e políticos.

É nesta fase que começa a ligação do Instituto e da Escola com a Fundação Rockefeller, definida por Wasserman como "agente mandatária do governo americano", que "tinha a sua base patrimonial na elite financeira conservadora dos Estados Unidos",[46] interessada em criar na Europa uma barreira ao comunismo através de uma densa rede de ilustres intelectuais da cultura liberal e internacional. A Escola, que era agora indissociável do Instituto de von Mises, torna-se a principal beneficiária de bolsas de estudo em ciências sociais e de estágios na América, para onde desde cedo se deslocava em viagem o próprio von Hayek.

## Melhor o liberalismo do que a democracia

Apesar da seriedade dos seus estudos e pesquisas, von Mises, von Hayek e outros membros da Escola não conseguiram prever nem explicar a crise de 1929. Von Mises atribuiu as culpas ao socialismo e ao anticapitalismo. As receitas que propunham, análogas aos dos outros economistas liberais ocidentais — livre comércio, restrições mínimas às trocas comerciais, orçamento equilibrado, estabilização do sistema padrão-ouro, controle dos preços, redução dos salários e redução da despesa pública e do poder dos sindicatos —, adotadas pelo presidente Hoover nos primeiros quatro anos, precipitaram a situação; o desemprego atingiu níveis extremos. O consequente *New Deal* de Roosevelt,

---

[46] WASSERMAN, Janek, *I rivoluzionari marginalisti, op. cit.*, p. 157.

que foi resolutivo, coincidia com as teorias econômicas de Keynes, que, a partir desse momento, vai se tornar, juntamente com o socialismo, o outro grande alvo da Escola. Entretanto, von Mises, que, para combater a crise, aconselhava a redução de salário e de impostos, começou a desconfiar também da democracia de massa e dos governos democráticos, e defendia que entre liberdade política e economia era necessário sacrificar a democracia, propondo também que se contrapusesse um internacionalismo capitalista ao internacionalismo socialista. A seu ver, o fascismo era útil para salvar o liberalismo e combater o socialismo: "Não se pode negar que o fascismo e todas as tendências ditatoriais análogas têm as melhores das intenções e que a sua intervenção, por agora, salvou a civilização europeia. Os méritos adquiridos pelo fascismo com a sua ação ficarão eternamente na história."[47] Alguns anos mais tarde, também von Hayek proporá "um liberalismo que relegue para um plano secundário as liberdades políticas e os direitos civis"[48].

Perante o perigo de coletivismo sub-reptício entrevisto na social-democracia e até nas ideias de Keynes, consolidou-se a frente formada pelos liberais da Escola de Viena e pelos conservadores americanos — empresários e banqueiros —, a quem se juntaram os economistas da Escola de Chicago e outros intelectuais americanos.

## 1938: nasce o neoliberalismo

Já em 1933 von Mises havia delineado a *mission* daquele liberalismo que se tornaria neoliberalismo. Em um primeiro momento,

---

[47] Citado em *ibidem*, p. 169.
[48] *Ibidem*, p. 225.

a burguesia, para fazer frente à ideologia dos trabalhadores, servira-se da ideologia do liberalismo dos economistas clássicos, mas depois da publicação de *O Capital*, de Marx, o proletariado ganhou "uma doutrina correspondente à sua posição social",[49] enquanto a burguesia ficava agarrada à sua velha ideologia, incapaz de causar impacto nos trabalhadores agora conscientes e unidos pela consciência de classe. Portanto, a burguesia precisava de uma teoria que "lhe oferecesse a possibilidade de ter sempre à sua disposição os meios mais idôneos para a grande e decisiva luta de classes".[50] Como os trabalhadores tinham se tornado classe proletária, também a burguesia precisava de uma "doutrina adequada à existência da burguesia como classe, que servisse melhor aos seus interesses".[51] Esta teoria lhe será dada pela Escola de Viena e viria a se chamar neoliberalismo, contraposta quer ao liberalismo oitocentista, quer aos sistemas planificados que os vienenses identificavam com o socialismo e até com o keynesianismo.

Uma mudança radical surgiu em 1937, quando o jornalista Walter Lippmann (1889–1974) publicou com grande sucesso o livro *The Good Society*, em que, referindo-se às ideias dos vienenses, difundiu pelo grande público o aviso, já presente no mundo conservador dos negócios, de uma crise iminente do capitalismo causada pelo coletivismo que, a partir da Rússia, começava a se espalhar pelo Ocidente.

---

[49] Mises, Ludwig von, *La base psicologica dell'opposizione alla teoria economica*, em *idem*, *Problemi epistemologici dell'economia*, Roma, Armando, 1988 [1933], p. 191.
[50] *Ibidem*.
[51] *Ibidem*.

Neste clima, em agosto de 1938, o filósofo francês Louis Rougier, Hayek e o próprio Lippmann organizaram em Paris o Colóquio Walter Lippmann, uma conferência em que participaram vinte e seis estudiosos, entre os quais pensadores do calibre de Raymond Aron e Michael Polanyi. Desta reunião, surgiu a ideia de criar uma organização estável e, por sugestão de Alexander Rüstow, foi cunhado o termo *neoliberalismo*.

## 1947: Monte-Pèlerin

No momento da sua ascensão ao poder, só pouquíssimos membros da Escola (por exemplo, Hans Mayer) abraçaram o nazismo, enquanto a maior parte emigrou para a Suíça e para a Inglaterra para depois chegarem aos Estados Unidos, sem nunca perderem contato, apesar de se defrontarem em frequentes conflitos científicos. Em 1944, von Hayek alcançou uma inesperada popularidade nos Estados Unidos — e não só —, graças ao livro *The Road to Serfdom*[52], no qual alertava contra o socialismo, que — na opinião dele — só poderia confluir no totalitarismo.

O livro ultrapassou o milhão de exemplares vendidos; uma síntese sua atingiu mais de nove milhões de leitores da revista *Reader's Digest*; outro milhão e meio de exemplares foi distribuído pelo pessoal militar. Conferências, debates e transmissões radiofônicas — tudo gerido por uma agência publicitária — fizeram do livro *The Road to Serfdom* "um dos mais importantes da nossa geração", como proclamava a capa da *Reader's Digest*. O sucesso deu a von Hayek a possibilidade de estreitar ainda

---

[52] Edição portuguesa: *O Caminho para a Servidão*, 2008, Edições 70. [N. do T.].

mais a sua ligação com a política e o mundo financeiro, creditando a Escola como instrumento intelectual mais prestigiado e fiável para defender a economia do *New Deal* e do socialismo, e para dar uma base teórica mais sofisticada ao pensamento capitalista que a incipiente Guerra Fria mascarava como patriotismo.

Do lado de cá e do lado de lá do Atlântico um clima de entusiasmo acompanhava a paz reconquistada, mas von Hayek apressou-se a estragá-lo com uma espertíssima virada sombria e alarmante:

> Os valores centrais da civilização estão em perigo. Em vastas zonas da superfície terrestre já desapareceram as condições essenciais da dignidade humana e da liberdade. Outras zonas são submetidas à constante ameaça do desenvolvimento das atuais tendências políticas. A posição do indivíduo, e do grupo voluntariamente reunido, é progressivamente posta em causa pela difusão do poder arbitrário. Até o bem mais precioso do Homem ocidental, a liberdade de pensamento e de expressão, está ameaçado.

Assim falou von Hayek em 10 de abril de 1947, num fórum com trinta e nove personalidades, todas elas ricas, poderosas, prestigiadas e liberais, nas salas acarpetadas do Hotel du Parc, na pequena cidade de Mont-Pèlerin, a mil metros de altitude sobre o lago de Genebra, nos Alpes suíços. Era a sessão de abertura da Mont-Pèlerin Society (MPS), autodeclarada apartidária, que se propunha energicamente a promover uma sociedade aberta e derrotar o totalitarismo em todas as suas formas, desde o comunismo soviético aos sindicatos. Estavam presentes professores austríacos como von Mises, Fritz Machlup e Karl Popper; ingleses como Lionel Robbins; húngaros como Michael Polanyi; franceses como Bertrand de Jouvenel; alemães como Wilhelm Röpke e Alexander Rüstow; americanos como Walter Lippmann, Milton Friedman, Frank Knight e George Stigler. Em suma, a elite do pensamento conservador ocidental. Servindo de megafone para um público mais vasto e variado estavam presentes os enviados da *Newsweek*, da *Fortune*, mas também da *Reader's Digest*.

Desde os tempos do Colóquio Walter Lippmann que Hayek desejava reunir esta elite sob a sua liderança e finalmente conseguira, com o abundante financiamento da Foundation for Economic Education, do Volker Fund, da Earhart Foundation, da Liberty Foundation e da Volker e Relm. Os objetivos da associação eram o aprofundamento do pensamento liberal, do papel do Estado, da propriedade privada e do livre mercado, a luta contra todas as interpretações hostis ao liberalismo, a criação de uma ordem internacional capaz de manter a paz, a liberdade e as relações econômicas internacionais.

Desde a sua fundação até hoje, a MPS reuniu-se quase todos os anos, sempre em locais exclusivos, lugares históricos e hotéis de luxo; tornou-se progressivamente mais fundamentalista, e já ultrapassou os 500 sócios, entre os quais vários presidentes, primeiros-ministros e chanceleres de diferentes Estados, oito Prêmios Nobel e 22 dos 76 conselheiros econômicos de Reagan.

*A Escola de Chicago e a deslocação ao Chile*
Entre os fundadores da MPS, havia pelo menos três professores da Escola de Chicago — Friedman, Knight e Stigler — demonstrando e consolidando as relações estreitas que já se tinham criado entre esta poderosa instituição americana e os economistas vienenses.

A Escola conta hoje com 22 Prêmios Nobel, e as suas ideias principais são as seguintes: na economia, o cidadão é muito mais protegido pelo mercado do que pelo Estado; em nível mundial os Estados Unidos são os campeões da liberdade, assegurada pelo neoliberalismo; enquanto tal, os Estados Unidos têm a missão histórica de exportarem o seu modelo econômico para o mundo inteiro.

Mesmo antes da guerra, alguns alunos vienenses haviam usufruído de bolsas de estudo com estágio em Chicago. Nos anos 40, chegou a vez de Hayek, o qual, finda a Guerra, passou um ano sabático ali e, em seguida, participou num projeto trienal, contribuindo de maneira determinante para o prestígio da Escola americana. Os temas dos seus seminários, sempre cheios de intelectuais de variadas disciplinas (entre os quais Enrico Fermi, Albert Einstein e Karl Popper), confluíram, em 1969, na obra *The Constitution of Liberty*[53], um *bestseller* que colocava em perspectiva o perigo de um totalitarismo iminente e propunha como solução a constituição de uma sociedade livre em que a tirania da maioria sobre as elites só poderia ser evitada protegendo as liberdades individuais, inclusive correndo o risco de sacrificar a democracia: "É melhor um liberalismo restritivo, com laivos de autoritarismo, do que uma democracia ilimitada."[54]

Em 1981, von Hayek escolheu Viña del Mar, localidade turística na costa chilena, para a reunião periódica da Mont-Pèlerin Society. Antes desta ocasião havia preferido sempre destinos reservados a uma clientela milionária, tipo Veneza, St. Moritz

---

[53] Edição portuguesa: *A Constituição da Liberdade*, 2018, Edições 70. [N. do T.]
[54] WASSERMAN, Janek, *I rivoluzionari marginalisti, op. cit.*, p. 256.

ou Princeton. Por que razão, desta vez, a escolha recaiu no Chile, precisamente no momento que o país era dominado pela ditadura de Pinochet? O fato é que, agora, von Hayek assumia posições em que, perante a alternativa entre democracia e livre mercado, optava decididamente pelo segundo. Por outro lado, a parceria entre os economistas de Viena e os de Chicago levava-o a partilhar das estratégias destes últimos, os quais prestavam-se de maneira cientificamente convicta a ser o braço intelectual de Wall Street, do Pentágono e da CIA.

Os Estados Unidos, como se sabe, costumam embaralhar as cartas insistindo em levar a democracia onde governa a ditadura e a ditadura onde vigora a democracia. Habitualmente, saem-se muito melhor nesta segunda missão. Nos anos 70, com a chamada Operação Condor, a administração de Nixon e Kissinger, a CIA e os serviços secretos intervieram em vários países da América do Sul apoiando cinco golpes de Estado e combatendo com todos os meios os governos de esquerda onde quer que existissem ou estivessem prestes a se instalar.

A 3 de novembro de 1970, Salvador Allende, socialista e marxista, tornou-se presidente do Chile e lançou o seu programa "Via Chilena para o Socialismo": o mais oposto possível aos valores, às ações, às intenções da política americana e às ideias dos neoliberais. A reação dos Estados Unidos foi impiedosa: enquanto a CIA agia nos bastidores, as forças empresariais e as instituições boicotavam a economia chilena com todos os meios lícitos e ilícitos, contribuindo para determinarem a situação financeira que agilizou o golpe de Pinochet e o advento, após quarenta anos de democracia, de uma violenta ditadura conservadora e fascista que, entre 1974 e 1990, deteve e torturou mais de 40 mil pessoas.

## Os *Chicago Boys*

Já nos anos 50, perante a ameaça de uma política econômica socialista na América Latina, o Departamento de Estado americano havia lançado um projeto de bolsas de estudo financiado pela Ford e pela Rockefeller Foundation para jovens economistas chilenos, de maneira a influenciarem num sentido liberal o pensamento político desse país. A maior parte desses bolsistas estudou na Escola de Chicago, sob a orientação de Milton Friedman. De volta ao país, entraram em contato com os grupos reacionários e prepararam o programa para o desenvolvimento que, após o golpe de Pinochet, se tornou a base da política econômica do novo regime.

Eram chamados de *Chicago Boys*.[55] Primeiro, foram incorporados no Ministério da Economia. Em seguida, deslocados para lugares nevrálgicos do sistema econômico e financeiro chileno como ministros da Economia, Finanças, Educação, Trabalho e Segurança Social; conselheiros, diretores de investigação e presidentes do Banco Central; professores e presidentes das faculdades de economia; presidentes das comissões de privatizações. Juntos, estes missionários do neoliberalismo foram os artífices daquilo que foi mais tarde chamado de "milagre chileno", alcançado mediante a abolição das reformas socialistas de Allende, privatizações, liberalizações, cortes na despesa

---

[55] A expressão "Chicago Boys" foi usada por Milton e Rose Friedman no seu livro de memórias: "Em 1975, quando a inflação ainda estava alta e a recessão mundial disparou uma depressão no Chile, o General Pinochet dirigiu-se aos 'Chicago Boys', nomeando muitos deles para posições de poder no governo." FRIEDMAN, Milton e FRIEDMAN, Rose D., *Two Lucky People: Memoirs*, Chicago, University of Chicago Press, 1998, p. 398.

pública, reforma do sistema de pensões e políticas antissindicais. Um milagre, sobretudo, para os lucros das empresas dos Estados Unidos à custa do suor da população sul-americana, como comentou Amartya Sen.

O Chile foi certamente usado pela Escola de Chicago como laboratório das políticas econômicas, que, depois sob a forma de *Washington consensus*, serão impostas ao mundo todo pelo Fundo Monetário Internacional. Milton Friedman, principal expoente da Escola, teve uma relação direta com Pinochet, a quem encontrou pessoalmente numa das suas viagens ao Chile. Em 1976, declarou: "Não acho ruim, como economista, prestar serviços de consultoria técnico-econômica ao governo chileno, do mesmo modo que também não acharia ruim que um médico prestasse consultoria técnico-médica ao governo chileno para ajudar a pôr fim a uma epidemia."[56] Porém, em 1991, após a deposição de Pinochet, Friedman exprimiu uma clara condenação: "Não tenho nada de bom a dizer sobre o regime político que Pinochet impôs. Foi um regime político terrível."[57]

Von Hayek e a Escola de Viena "deram motivação e legitimidade"[58] às ideias e ao ativismo intelectual que produziram no mundo inteiro a grande virada conservadora dos anos 70. Von Hayek também usou a ditadura de Pinochet considerando o Chile um laboratório útil para as suas ideias econômicas, mas, ao contrário de Friedman, nunca se arrependeu. Foi convidado

---

[56] Declaração de Milton Friedman na *Newsweek*, 14 de junho de 1976.
[57] *Idem, Economic Freedom, Human Freedom, Political Freedom*, Hayward, The Smith Center Inaugural Lecture at California State University, 1 de novembro de 1991.
[58] WASSERMAN, Janek, *I rivoluzionari marginalisti, op. cit.*, p. 317.

pelo ditador em 1977, quando já era conhecida a brutalidade do regime, sendo Friedman acusado por todo o mundo de cumplicidade; foi alertado e dissuadido, mas aceitou o convite. Disse estar surpreendido com a elevada qualidade dos funcionários chilenos ("gente instruída, sensata, inteligente") e, tendo sido recebido pessoalmente pelo ditador, expôs-lhe os danos do excesso de democracia e a exigência de dureza para governar em tempos de crise. Prometeu a Pinochet um documento orientador para a reconstrução da sociedade chilena e, voltando à Inglaterra, aconselhou Thatcher a adotar reformas análogas às de Pinochet. Numa entrevista ao *El Mercurio*, jornal de Santiago, declarou que, em certos momentos, durante um período de transição, a ditadura pode ser um sistema necessário. No ano seguinte, Hayek defendeu por várias vezes Pinochet dos ataques da imprensa ocidental, que, na sua opinião, não era capaz de apreciar o ditador por estar ofuscada pelas ideias socialistas. Pinochet, por outro lado, inspirou a Constituição liberticida no ensaio *The Constitution of Liberty* (1960), de Hayek.

*Em memória*
Entre as vítimas de Pinochet parece-me obrigatório recordar uma em especial. Trata-se de Orlando Letelier (1932–1976), jurista e economista chileno, que — por ser um socialista envolvido nas campanhas eleitorais de Allende — foi obrigado a fugir para a Venezuela, onde se tornou, primeiro, *senior economist* do Banco Interamericano para o Desenvolvimento e, depois, consultor da ONU na criação do Banco para o Desenvolvimento Asiático. Em 1971, quando Allende chegou ao poder, foi nomeado embaixador em Washington e depois chamado de volta ao Chile para desempenhar funções de Ministro dos Negócios

Estrangeiros, mais tarde de Ministro da Administração Interna e, por fim, Ministro da Defesa. Foi o primeiro dos ministros a ser preso logo após o golpe, sendo detido e torturado durante doze meses. Foi libertado devido à pressão internacional e, a convite de intelectuais amigos, refugiou-se em Washington, onde trabalhou para o Institute for Policy Studies, foi nomeado diretor do Transnational Institute e professor na University of Washington. Dedicou-se de corpo e alma à causa chilena — de quem foi o porta-voz mais importante no mundo —, mediante discursos, grupos de pressão e textos escritos.

Em agosto de 1976, Letelier publicou um artigo intitulado *"The 'Chicago Boys' in Chile. Economic Freedom's Awful Toll"*[59], em que comparava as afirmações de Friedman em *Capitalism and Freedom* (1962) com aquilo que os *Chicago Boys* haviam realmente feito no Chile, e demonstrava o quão terrível fora o preço da liberdade econômica naquele país, assim como em toda a América Latina. Letelier se questionava se seria possível essa liberdade em um sistema que usa tortura e deportações como instrumento de governo e levantava a questão moral quanto à deontologia profissional de Friedman permitir prestar consultoria a um ditador. Letelier denunciava detalhadamente a intervenção dos Chicago Boys no golpe de Estado, os financiamentos recebidos da CIA, os conselhos dados pelo próprio Friedman para submeter a economia a um autêntico choque, com consequências nefastas em termos de pobreza, desemprego e desigualdade entre ricos e pobres.

---

[59] LETELIER, Orlando, "The 'Chicago Boys' in Chile. Economic Freedom's Awfull Toll", *The Nation*, 28 de agosto de 1976.

Menos de um mês depois da publicação desta denúncia, a 21 de setembro de 1976, Letelier e a sua colaboradora, a ativista Ronni Karpen Moffitt, com quem viajava de automóvel, são vítimas mortais de um atentado a bomba.

*Os trinta anos gloriosos keynesianos*
Entre 1900 e 1950 a economia europeia desenvolveu-se a uma taxa de 1% ao ano; entre 1950 e 1973, a uma taxa de 4,1%; nas duas décadas seguintes, a uma taxa de 1,8%. Jean Fourastié referiu-se ao período entre 1945 e 1975 como os "trinta anos gloriosos". Segundo os dados da Organização Internacional do Trabalho, a taxa de desemprego manteve-se durante as três décadas abaixo dos 3% em todos os países desenvolvidos, excluindo os Estados Unidos, que, mesmo assim, não ultrapassaram a taxa de 5%. Na Alemanha e no Japão, caiu para 1%; na Grã-Bretanha para 2% e na Itália, 3%. Garth L. Magnum do Upjohn Institute for Employment Research escreveu que "a economia está bem perto da resolução do problema do desemprego global". Na Itália — onde, durante os anos 60, o PIB cresceu 5,7% —, Pasquale Saraceno escreveu, em 1963, um ensaio com um título significativo: "A Itália a Caminho do Pleno Emprego".[60]

Após a Segunda Guerra Mundial, quando muitos países beligerantes haviam sido praticamente destruídos, o primeiro motor do desenvolvimento foi alimentado pelas políticas keynesianas, segundo as quais um Estado moderno deve ambicionar a distribuição equitativa do bem-estar garantindo-a

---

[60] SARACENO, Pasquale, *L'Italia verso la piena occupazione*, Milão, Feltrinelli, 1963.

com políticas redistributivas e intervenções estatais (a começar pelo *welfare*) em favor do crescimento. Assegura-se, assim, o equilíbrio social ao minimizar o conflito de classes, sem negar a sua necessidade.

Portanto, nas três décadas keynesianas, no Ocidente mais rico, também graças à luta dos trabalhadores, o crescimento econômico foi acompanhado por reformas sociais: 48 Estados aprovaram a *United Nations Relief and Rehabilitation Administration* (UNRA), graças à qual os 32 países que não sofreram destruição bélica subsidiaram a reconstrução dos outros; o plano Marshall (European Recovery Program) concedeu à Europa uma ajuda de 12.731 milhões de dólares. Na Itália, para relançar a economia, os governos apostaram na intervenção estatal nos setores fundamentais, criando o ENI (Ente Nazionale Idrocarburi), potenciando o IRI (Istituto per la Ricostruzione Industriale) e o EFIM (Ente Partecipazioni e Finanziamento Industrie Manifatturiere). Em 1950 introduziu-se a reforma agrária e a *Cassa per il Mezzogiorno*[61], em 1955 foi aprovada a lei para casas populares (INACASA); em 1962 foi criada a ENEL para nacionalizar a indústria elétrica.

Esta expansão do Estado na economia foi possível graças à presença maciça da indústria pública herdada do fascismo; à imponente reconstrução, que exigia uma capacidade organizativa que só o Estado conseguia garantir; à necessidade do Ocidente de vencer a concorrência da Rússia, imposta pela Guerra Fria; à oportunidade de satisfazer as necessidades do proletariado, agora sensível às promessas do socialismo e ator de

---

[61] Instituto público que financia iniciativas industriais para o desenvolvimento econômico do Sul da Itália. [*N. do T.*]

primeiro plano na guerra de libertação contra os nazifascistas; ao crescimento da procura interna permitida pelos níveis elevados de emprego, e pelos níveis crescentes de salários e lucros.

*A desforra de Keynes*
Enquanto a economia avançava com medidas keynesianas, os neoliberais ocupavam postos de comando onde se decidia o fluxo do dinheiro, nas novas instituições, cheias de economistas especializados: o Banco Internacional para a Reconstrução e o Desenvolvimento (BIRS), o Fundo Monetário Internacional (FMI), o General Agreement on Tariffs and Trade (GATT), a World Trade Organization (WTO). Sendo assim, quando chegou o momento, o neoliberalismo estava totalmente munido, na teoria e na prática, para dominar o palco e mantê-lo até os nossos dias.

Em 1973, eclodiu a crise petrolífera e, com ela, o desempregou subiu com força: antes da crise, a Alemanha tinha 1,2% de desempregados, mas dez anos mais tarde ultrapassou os 9%. A Itália passou dos 3,5% para os 9,9%; a Grã-Bretanha passou dos 2,7% para os 11,7%; os Estados Unidos passaram dos 4,9% para os 9,5%. Entre os países industrializados salvou-se apenas o Japão, onde a porcentagem dos expulsos do mercado do trabalho não ultrapassou os 2,6%. As políticas keynesianas foram acusadas de terem provocado o desastre econômico mundial, e o neoliberalismo foi progressivamente dominando todas as políticas econômicas.

A Escola de Viena e a Escola de Chicago fizeram a desforra com os seus ativistas intelectuais, que agregaram novos estudiosos, publicaram novos livros, artigos e relatórios, participaram em conferências e seminários por todo o lado, teceram novas ligações entre homens de negócios, fundações, políticos e *grands commis*, levando o evangelho neoliberal a todos os lugares fundamentais onde se tomavam decisões econômicas de alto nível. Surgiram nomes como os de Emil Kauder e Israel Kirzner, que, juntamente com Fritz Machlup (1902-1983), fizeram da New York University, onde von Mises ensinara, o novo polo americano da escola austríaca, à qual a Koch Foundation assegurou um avultado financiamento. Outro grande aporte foi concedido pela Ford e pela Rockefeller Foundation a Oskar Morgenstern (1902-1977), que, com John von Neumann, elaborou a Teoria dos Jogos.

Machlup deve, porém, ser recordado por ser o único, entre todos os "austro-economistas", a estudar o conhecimento como variável independente do sistema econômico. O seu *The Production and Distribution of Knowledge in the United States*, de 1962, e os três volumes da obra incompleta *Knowledge: Its Creation, Distribution, and Economic Significance* são a base do conceito de sociedade da informação e podem ser considerados o único ponto de contato entre a Escola de Viena e a Escola de Frankfurt.

Um economista que também se destacou pelo aprofundamento teórico e a persistência do estilo profissional da Escola vienense, numa versão mais política, foi Gottfried von Haberler (1900-1995), outro *von*, amigo do Nobel Paul Samuelson, sócio estrangeiro dos Lincei e prêmio internacional Feltrinelli, guru do *think tank* conservador AEI, financiado com milhões de dólares por quatro fundações (Coors, Koch, Olin e Scaife) para contrastar os *liberals*. Digamos que os austro-economistas adoravam reunir-se nos cafés vienenses e americanos, onde faziam noitadas e cantavam canções irreverentes e alusivas às suas paixões econômicas. Haberler chegou mesmo a editar e publicar uma coletânea delas.

Ainda mais belicoso e excêntrico foi Murray Rothbard (1926–1995), nascido no Bronx, aluno de von Mises, populista e conservador, defensor da ideia de que os impostos são um furto legalizado, criador do anarcocapitalismo ou capitalismo libertário, que, além de se bater pela propriedade privada e pelo livre mercado, propunha a abolição do Estado (que por sua definição é "uma vasta organização criminosa") através da desobediência civil e a sua substituição por ordenamentos policêntricos espontâneos. Rothbard e os anarcocapitalistas consideram os *liberals* da esquerda inimigos e os acusam de terem usado em massa o poder do Estado para destruir a cultura dos Estados Unidos, cumprindo durante 20 anos, e praticamente sem serem incomodados, uma "longa marcha gramsciana pelas instituições americanas"[62].

Criador fecundo do Libertarian Party, do Cato Institute, do Center for Libertarian Studies, do Ludwig von Mises Institute; redator da *Review of Austrian Economics*; autor de obras monumentais como os quatro volumes de *Conceived in Liberty*[63], Rothbard foi, entre todos os neoliberais, o mais aberto a colaborações com a esquerda, mas também o maior simpatizante das ideias da Ku Klux Klan. É quase impossível imaginar que suas ideias anárquicas e o estilo sulfuroso tenham as suas raízes

---

[62] ROTHBARD, Murray N., *Kulturkampf!*, em "Rothbard-Rockwell Report", outubro de 1992; agora em ROCKWELL, Llewellyn H. jr. (ed.), *The Irrepressible Rothbard*, Burlingame, The Center for Libertarian Studies, 2000, p. 290.
[63] ROTHBARD, Murray N., *Conceived in Liberty*, 4 vols., Arlington House Publishers, Nova Iorque, New Rochelle, 1975–1979.

nos ensinamentos de um mestre *old style* como von Mises e na sua obra-prima *Human Action: A Treatise on Economics*.

Com a iniciativa de um experiente empresário ideológico, Rothbard dirigiu-se indiferentemente à elite econômica e intelectual, por meio de congressos, seminários ou publicações, e ao vasto público, fazendo intenso uso dos meios de comunicação social. Conseguiu tornar-se o catalisador de financiamentos gigantescos fornecidos por instituições como a Foundation for Economic Education, a IHS Foundation, o Volker Fund, e por milionários como Edward Cane e Charles Koch. O empresário Koch, neoliberal conservador e na época o décimo oitavo homem mais rico do mundo, financiou amplamente o Partido Republicano, os jornais de direita e a "batalha das ideias" levada a cabo pelos austro-economistas. Quando Richard Fink fundou o Mercatus Center na George Mason University, em Washington, foi para onde se deslocou o epicentro dos vienenses-americanos. Koch apoiou a iniciativa com 30 milhões de dólares, mas houve outros financiamentos generosos vindos das fundações Scaife, Bradley, Earhart e Goodrich.

O neoliberalismo percorreu uma trajetória análoga na Grã-Bretanha, onde o centro de irradiação ideológico já se havia concretizado em 1955 na forma do Institute of Economic Affairs (IEA) — associação evangélica fundada pelo homem de negócios Antony Fisher —, além da Barclays e da British Petroleum, confrontando os pensadores socialistas e todos os planificadores econômicos. O IEA exerceu forte influência sobre a política econômica inglesa e mundial ligando-se a jornais como o *Daily Telegraph*, o *Times* e o *Financial Times*, difundindo textos antissindicalistas de Hayek, inspirando Thatcher no planejamento da sua política econômica, e coordenando, através do

Atlas Economic Research Foundation, uma rede de 480 centros de tipologia variada. Deste modo, o neoliberalismo conseguiu disseminar o seu poder ideológico e político pelo Ocidente, impondo um pensamento único nas faculdades de economia, nos ministérios da economia e das finanças, nas políticas econômicas de todos os governos.[64]

*"Washington Consensus"*
Nos anos 80, graças à consultadoria especializada dos *think tank*, ao poder da finança internacional e à presença de Reagan e Thatcher no governo dos dois Estados mais poderosos do Ocidente, o neoliberalismo fortaleceu-se a ponto de conseguir impor a todos os países que precisavam de empréstimos uma série de condições em conformidade com seu paradigma. Este paradigma — o *Washington Consensus* — foi codificado em 1989 não pela Escola de Chicago, mas por John Williamson (1937–2021), um economista anglo-saxão que havia sido aluno de Machlup.

O *Think Tank Index Report 2021* lista milhares de *think tank* presentes no mundo inteiro (ao que parece, os Estados Unidos têm atualmente 2203; a China, 1413). Williamson foi dos fundadores sênior de um dos mais influentes da América: o Peterson Institute for International Economics, que reúne especialistas de economia e ciência política, acadêmicos e responsáveis políticos interessados no estudo da dívida pública, da globalização, do mundo financeiro e do comércio internacional. Constituído em 1981, o Instituto, autodenominado apartidário,

---

[64] O excelente ensaio de D'Eramo, *op. cit.*, apresenta uma reconstrução exemplar da relação entre política e economia, governo e negócios.

era portanto o mais recente destes grupos de poder, que guiaram, através do ensino e da consultoria econômica, a longa marcha triunfante do capitalismo.

O Peterson Institute nasceu graças ao financiamento de outro *think tank* que também se declarava apartidário, o German Marshall Fund of the United States, que assegurava "a cooperação e a compreensão" entre os Estados Unidos e a Europa ocidental, realizando investigações, organizando conferências e promovendo intercâmbios entre os jovens líderes das duas margens do Atlântico. O GMF valeu-se também do apoio da Ford Foundation e de um patrocínio da italiana Fondazione Cariplo.

Mas deixemos este rolo de relações estreitas entre cultura e dinheiro e regressemos ao *Washington Consensus*. Os países em vias de desenvolvimento que se encontram em situação de crise econômica, como os casos da Argentina e da Grécia, podem pedir empréstimos às organizações internacionais com sede em Washington — Fundo Monetário Internacional, Banco Mundial e Departamento do Tesouro —, que são aceitos se for respeitado o *Washington Consensus*, isto é, dez blocos de compromissos relacionados com a tutela da propriedade privada, a privatização das empresas estatais, uma certa política fiscal, um certo reajuste da despesa pública, uma certa reforma do sistema tributário, certas taxas de juro e de câmbio, a liberalização do comércio e das importações, a abertura a investimentos provenientes do estrangeiro, a *desregulação*, ou seja, a abolição de todas as regras limitadoras da competitividade.

*Matar a besta de fome*
Enquanto o liberalismo, como vemos, conduziu com inteligência e tenacidade os seus esforços teóricos e práticos para se

transformar em neoliberalismo e assim vencer o marxismo, o socialismo e a social-democracia, forças de esquerda, não fizeram uma revisão igualmente completa, ficando sem ideias em determinado momento e, quase sem se darem conta, apropriaram-se de algumas ideias do neoliberalismo. Considerando-as mais atuais, houve casos — por exemplo, o italiano — em que se tornaram mesmo precursoras delas.

Um exemplo eloquente é o das privatizações em Itália. Com os seus bancos, as suas empresas públicas e as suas participações estatais, além da presença do Partido Comunista mais forte da Europa, a Itália constituía uma monstruosa anomalia aos olhos dos neoliberais do mundo ocidental, pois detinha o controle das ferrovias, dos transportes aéreos, das autoestradas, da água, da eletricidade e do gás, de mais de 70% do sistema bancário, da rádio, da RAI, e de porções consideráveis da indústria siderúrgica e da química. Os setores com participação do Estado iam dos seguros à mecânica e à eletromecânica, do setor alimentar às estruturas, da fibra ótica ao vidro, da publicidade aos supermercados, dos hotéis às agências de viagem. No total, empregava cerca de 16% do mercado do trabalho do país.

Uma economia tão pouco neoliberal tinha de ser desmantelada com as mesmas intensidade e velocidade usadas na Inglaterra de Thatcher, segundo a qual "There is no alternative". Nos Estados Unidos, Reagan ordenava: "Starve the beast", entendendo com isso a redução a zero da presença do Estado na economia. Na Itália era impossível não imitá-lo, sendo a América a perita indiscutível em modernização.

Em 7 de fevereiro de 1992 foi assinado o tratado de Maastricht, de expressão tipicamente neoliberal, tendo como consequência o processo de privatização que na Itália fora preparado com cuidado em nível técnico e mediático. Durante muito tempo, tanto a imprensa como a televisão minaram a opinião pública de maneira a desacreditar o "investimento estatal" e suas "clientelas", réus de todas as corrupções, e credibilizar as privatizações e a *deregulation* como alternativa tecnocrática contra as nossas velharias políticas. Segundo os seus defensores, "o início das privatizações foi imposto devido à grave deterioração das contas das empresas que têm participação estatal".[65] Na realidade, as indústrias estatais haviam contribuído para o próprio descrédito, com o crescimento hipertrófico do IRI, os frequentes casos de clara incompetência dos seus gestores, as graves ineficiências de várias empresas, o escandaloso desperdício de dinheiro público, os 18 bilhões de perdas do EFIM, a despudorada proliferação das clientelas, com o maciço financiamento ilícito dos partidos. Quando todas as peças do mosaico se juntaram, a operação começou.

*O discurso do "Britannia"*
Em 2 de junho de 1992, o iate *Britannia*, propriedade da família real inglesa, atracou no porto de Civitavecchia e costeou o Argentario, hospedando políticos, banqueiros e empresários de alto nível interessados em verificar as enormes oportunidades oferecidas pela privatização das empresas públicas italianas. Entre os políticos italianos, estavam presentes cinco antigos primeiros-ministros.

---

[65] MICOSSI, Stefano, "Le privatizzazioni in Italia: qualche utile lezione", *Italianieuropei*, 2007, n.º 2, https://www.italianieuropei.it/it/la-rivista/archivio-della-rivista/item/202-le-privatizzazioni-in-italiaqualche-utile-lezione.html.

Sobre aquela viagem, surgiram algumas teorias da conspiração, mas na realidade tudo se passou às claras, segundo as regras mais explícitas dos homens de negócios, que, naquela época, impunham o tratamento neoliberal aos políticos do Ocidente. Agora, chegara a vez da Itália.

O diretor-geral do Tesouro era então Mario Draghi, que desempenhará estas funções entre 1991 e 2001. Mario Draghi fez o liceu nos jesuítas, licenciou-se na Universidade Sapienza de Roma com Federico Caffè, fez doutorado no MIT de Boston com dois Prêmios Nobel — Modigliano e Solow (um, neoclássico, o outro, keynesiano) —, foi professor nas universidades de Trento, Pádua, Veneza e Florença, diretor-executivo para a Itália do Banco Mundial de Washington, diretor-geral do Ministério Italiano do Tesouro, vice-presidente da Comissão das Privatizações, vice-presidente e diretor-geral do Goldman Sachs (banco que em 2001 adquire de uma vez todo o patrimônio imobiliário do ENI), governador do Banco de Itália, presidente do Fórum para a estabilidade financeira, presidente do Banco Central Europeu e primeiro-ministro da República Italiana.

A bordo do *Britannia*, Draghi fez um exemplar discurso de abertura para delinear as estratégias da política econômica a ser aplicada nos meses seguintes. "Desejo, antes de mais nada, felicitar a Embaixada britânica e os Britânicos Invisíveis[66] por sua soberba hospitalidade", começou o diretor-geral do Tesouro. A missão consistia em iniciar um plano de redução da dívida,

---

[66] Chamava-se de "British Invisibles" os membros do grupo de interesses financeiros da City. O discurso de Draghi pode ser consultado online: https://www.ilfattoquotidiano.it/in-edicola/articoli/2020/01/22/britannia-la-vera-storia/5681308/.

recorrendo ao encaixe das privatizações e vendendo as maiores empresas públicas ao setor privado. Daí a necessidade de sacudir as fundações do ordenamento socioeconômico, redefinir os limites entre público e privado, induzir um amplo processo de desregulamentação, debilitar um sistema econômico em que os subsídios às famílias e às empresas ainda desempenhavam um papel importante.

As privatizações teriam uma série de efeitos, além da redução da dívida; o aumento significativo da riqueza privada sob a forma de ações; o aumento da concorrência, da *deregulation* e da competitividade. Obviamente, o aumento da produtividade iria ter prováveis efeitos sobre o desemprego.

Draghi reconhecia que se por um lado esse processo iria redimensionar as ineficiências e os rendimentos das empresas públicas, por outro, iria fragilizar a capacidade do governo de perseguir objetivos centralizados, como a redução do desemprego e a promoção do desenvolvimento regional. De qualquer forma, as privatizações seriam entendidas como um instrumento para limitar a interferência política na gestão das empresas públicas. Os mercados iriam vê-las como demonstração de que o governo italiano estava agora dependente dos próprios mercados, e como a tomada de consciência de que o bom funcionamento dos mercados representa o caminho principal para impulsionar o crescimento. Por fim, veriam as privatizações como um teste de credibilidade do nosso esforço de consolidação fiscal.

Obviamente, Draghi evitou recordar aos convidados que, na Inglaterra — país de onde vinha o *Britannia* e onde Thatcher havia recuperado a economia com um plano exemplar de privatizações —, não só a questão do desemprego não havia sido resolvida, como os pobres tinham se tornado mais pobres e os ricos mais ricos, porque o já frágil poder de compra das classes pobres tinha diminuído em 14% e o já forte poder de compra das classes ricas tinha aumentado 68%.

*O machado neoliberal*
A megaoperação italiana desenrolou-se em três etapas: em 1991, as empresas de gestão das participações estatais e as outras empresas públicas econômicas, assim como as empresas estatais autônomas, foram autorizadas a transformarem-se em sociedades anônimas[67], coisa que aconteceu, de forma generalizada, a partir do ano seguinte. No mesmo ano do encontro a bordo do *Britannia*, o machado neoliberal começou a abater-se sobre as empresas públicas: IRI, ENI, INA, ENEL e Ferrovie dello Stato foram transformadas em sociedades anônimas, divididas em partes e vendidas a particulares. Em junho de 1993, foi constituída no Ministério do Tesouro (atualmente MEF) uma comissão para as privatizações, presidida por Draghi, encarregado de fazer propostas sobre a cronologia das operações, os métodos de colocação, a escolha dos consultores e dos subscritores. Ainda em 1993, foram cedidas as cotas do Crédito Italiano, do Nuovo Pignone, da SNAM, da AGIP, da Banca Comercial e da empresa autônoma dos monopólios de Estado. Depois, a partir de 1995 até 2001, o Estado italiano vendeu em cinco fases uma parte consistente do capital acionista do ENI, conservando uma quota ligeiramente superior a 30%.

---

[67] Decreto de Lei n.º 386 de 5 de dezembro de 1991, convertido, sem modificações, na Lei n.º 35 de 29 de janeiro de 1992.

No momento da sua privatização, o IRI era o sétimo conglomerado no que dizia respeito à sua dimensão, com quase mil sociedades, com uma faturamento de cerca de 67 bilhões de dólares e mais de 500 mil funcionários. O ENI, por outro lado, quando foi privatizado, tinha 128 mil funcionários e não só era uma das maiores companhias petrolíferas do mundo, como também uma das mais diversificadas: além da AGIP, da SNAM, da ANIC, da Snamprogetti e da SAIPEM, do Nuovo Pignone, da Lanerossi e da Samim, também estava presente no mercado editorial, nos combustíveis nucleares, na farmacêutica e no setor turístico-hoteleiro.

Em 1999, a fúria da privatização não poupou instituições como o Centro Experimental de Cinematografia, a Bienal de Veneza, a Junta Central para os Estudos Históricos, o Instituto Italiano de Numismática, o Vittoriale degli Italiani, o Centro Italiano de Estudos sobre a Alta Idade Média, os institutos nacionais para os estudos leopardianos, verdianos, manzonianos, galileianos, paladianos.

A bordo do *Britannia*, em 1992, também estava a elite da esquerda italiana: Prodi, D'Alema e Amato. E, nos seus cinco anos de governo (de 1996 até 2001), esta coligação "ulivista"[68], convertida ao dogma neoliberal, vendeu quase de graça a particulares as quotas acionistas das empresas do Estado ao invés de diminuí-las e reorganizá-las, relançando a sua produtividade e preservando a sua propriedade pública. Assim, em nome da modernização e graças a um turbilhão de cessões, fusões e reorganizações, o Estado foi privado de setores nevrálgicos e das alavancas mais eficazes para regular a política econômica nacional.

---

[68] De L'Ulivo, coligação de centro-esquerda. [*N. do T.*]

O governo de Amato, ao impor uma taxa de 27% sobre os juros das contas correntes e uma taxa de apenas 12,5% sobre os lucros dos investimentos na bolsa, encorajou a decolagem do mercado de ações italiano, induzindo uma grande quantidade de proprietários de Bot a preferirem os *bonds*. Deste modo, enormes quantias da poupança privada em fuga da dívida pública foram forçosamente introduzidas no mercado de ações.

Em 1991, os bancos públicos representavam 73% do total; atualmente, ao Estado restam apenas pequenas quantidades em bancos de pouca importância. As vicissitudes do Banco di Napoli são um bom exemplo de como se desenrolaram estas operações: depois de ter sido recuperado das imparidades — com recurso de 6,2 bilhões de euros do dinheiro público —, 60% do banco foi vendido à BNL por 32 milhões de euros, sendo alguns anos mais tarde vendido pela BNL por 1 bilhão de euros.

Nesses anos, as privatizações, as *joint-venture*, as alianças estratégicas e as concentrações do setor bancário foram um fenômeno de alcance mundial: entre 1990 e 2000 efetuaram-se no mundo 7.500 fusões e aquisições, por um valor de 1,6 bilhões de dólares. Na Itália, de 1987 a 2000, o número de bancos caiu de 1.200 para 864 e formaram-se cinco grupos (Unicredit, Banca Intesa-Bci, Sanpaolo Imi, Banca di Roma, Montepaschi) que, sozinhos, detinham o controle de quase 50% do mercado do crédito. Leve-se em conta o fato que cada concentração no setor bancário também obriga outros setores a concentrar-se.

Com efeito, as privatizações foram efetuadas autonomamente pelo diretor-geral do Tesouro e da sua estrutura[69], sem

---

[69] O então presidente da Finmecanica, em outubro de 2020, declarou ao *Sole 24 Ore*: "Mario Draghi, que era diretor-geral do Tesouro e, portanto,

que a política interviesse; aliás, teve a conivência da esquerda. Os ministros, independentemente do viés político limitaram-se a assinar e o Parlamento, a aprovar. Mais tarde, Draghi justificou-se dizendo que se procedeu desse modo porque naquela época o Estado tinha pouca capacidade de produção de leis; portanto, nesse sentido, as privatizações demorariam muito a serem concretizadas e não seria possível abater a dívida pública e a Itália não entraria na União Monetária europeia. Em 2001, um funcionário da estrutura de Draghi reconheceu que foi "aproveitada a oportunidade oferecida pela necessidade e urgência de respeitar os apertados vínculos externos, impostos pela participação na União Monetária europeia, para começar as diligências a fim de redefinir o papel do Estado e à reforma, em sentido antes de mais nada competitivo, dos mercados". Caso contrário, não se teria conseguido "avançar no processo de saneamento das finanças públicas e de requalificação da relação entre o Estado e o mercado"[70].

Na década de 1991–2001, a relação entre dívida pública e PIB passou de 125% para 115%. Nada mais. Em 10 de feve-

---

membro da comissão de presidência do Iri, cruzava comigo nos corredores e perguntava: 'O que você vendeu hoje?'. Era a época das privatizações.' BRICCO, Paolo, "Fabiano Fabiani: quelle privatizzazioni del 1992, Finmeccanica e i no a Draghi", *Il Sole 24 Ore*, 19 de outubro de 2020, https://www.ilsole24ore.com/art/fabiano-fabiani-quelle-privatizzazioni-1992-finmeccanica-e-no-draghi-ADEdDmu.
[70] SCANNAPIECO, D., "Le privatizzazioni in Italia: una riflessione a dieci anni dal rapporto presentato al Ministro del Tesoro Guido Carli", em GRASSINI, Franco Alfredo (ed.), *Guido Carli e le privatizzazioni dieci anni dopo*, Roma, Luiss University Press, 2001, p. 156

reiro de 2010, o Tribunal de Contas publicou um estudo[71] sobre a eficácia de todas as medidas de expressão neoliberal: os preços da energia, das autoestradas, dos bancos aumentaram muito mais do que nos outros países europeus e a operação tinha sido conduzida com uma série de aspectos críticos que iam "desde a pouca clareza do quadro da divisão de responsabilidades entre administração, *contractors* e organismos de consultoria até ao uso nem sempre imediato dos proventos na redução da dívida"[72].

O resultado global foi o aumento da desigualdade entre ricos e pobres, ou seja, o aumento numérico de cidadãos postos em condições objetivas de infelicidade.

*Nova crise, nova volta*
Se 1973 assinalou o fim dos trinta anos gloriosos do ciclo econômico keynesiano, 2008 foi o ano que marcou um limite para os trinta anos tumultuados anos do ciclo econômico neoliberal. Com a diferença de que, no primeiro caso, a parada veio por causa da imprevista e fulminante guerra do Yom Kippur, que interrompeu o aprovisionamento petrolífero, enquanto no segundo caso o desastre foi determinado pela concomitância, previsível e prolongada durante anos, dos muitos excessos cometidos pelo capitalismo galopante.

A corrida frenética pelo lucro num mercado intencionalmente libertado de vínculos oportunos induziu os bancos a

---

[71] «La Corte dei Conti svela il lato oscuro delle privatizzazoni», *Il Giornale*, 27 de fevereiro de 2010.
[72] "Corte dei Conti: le ex aziende pubbliche ora fanno i soldi grazie a tariffe piú care", *Corriere della Sera*, 26 de fevereiro de 2010.

pôr em circulação produtos financeiros demais e não confiáveis; a legitimar a esperança de um retorno cada vez mais alto sobre os capitais investidos; a distribuir pelos acionistas dividendos superiores aos lucros; a exagerar na *deregulation* (antes era necessário um dólar de capital para cada 6 ou 7 dólares de investimento; depois, bastava um dólar para 30, 40 dólares de investimento); a permitir operações cada vez mais rápidas e planetárias; a remunerar o *top management* sem nenhuma relação com o rendimento dos capitais e a conceder-lhes *stock options* excessivas.

Algo parecido ocorreu com a aquisição de bens imóveis, e quando, em 2008, a bolha arrebentou, a queda dos empréstimos *subprime* levou à falência do Lehman Brothers, um dos maiores bancos de negócios do mundo, que por sua vez fez explodir uma crise nos mercados do planeta inteiro. De 2007 a 2009, a liquidez dos mercados globais secou; em Wall Street o índice Standard & Poor's registrou uma queda de 40%; nos Estados Unidos, o movimento do PIB passou de +2% para -2%; o desemprego subiu de 4,6% para 9,3%; a porcentagem de pobres passou de 12% para 15%.

*Novos ricos, novos pobres*
Contudo, como vimos, von Hayek e os seus colegas *von* teorizaram o neoliberalismo raciocinando como ricos, para ricos, de maneira que até as tragédias se pudessem converter em oportunidades. Entre 2008 e 2018, isto é, precisamente durante o arco da grande crise, enquanto um número interminável de famílias era cinicamente atirado para a pobreza, o *top management* dos bancos aumentava os seus salários e a elite do capitalismo incrementava vertiginosamente os seus lucros. Na Itália, os seis

milhões de cidadãos mais ricos aumentaram o seu patrimônio em 72%; o dos seis milhões mais pobres diminuiu em 63% e o do grosso da população, a classe média, diminuiu em 15%.

A riqueza continuou a galopar nas mãos dos que já eram ricos também durante a pandemia de COVID-19. Segundo o relatório de 2022 do Oxfam Italia, entre o final de 2019 e o final de 2020, os *ultra-high-net-worth individuals* (isto é, os adultos com patrimônio superior a 50 milhões de dólares) aumentaram em 41 mil unidades atingindo globalmente o número de 215 mil indivíduos. Só o excedente patrimonial de Jeff Bezos nos primeiros vinte e um meses da pandemia (+81,5 bilhões de dólares) equivale ao custo total da vacinação. No mesmo período, os pobres com rendimento inferior a 5 dólares por dia aumentaram em 163 milhões.

*Não consigo dormir à noite*
Em suma, sabemos produzir riqueza, mas não a queremos distribuir. Por trás deste axioma emerge o pensamento neoliberal elaborado pela Escola de Viena, adotado pela Escola de Chicago e pelo Peterson Institute de Washington: os três grandes centros culturais vencedores da corrida socialismo-liberalismo, as Escolas que ensinaram ao mundo inteiro como transformar as ideias em fatos, os fatos em dinheiro, o dinheiro em euforia para quem o acumula, e em infelicidade para quem o perde.

O que essas Escolas colocaram no centro dos seus estudos foi o interesse da burguesia e a necessidade de defendê-la dos ataques do proletariado fornecendo uma teoria econômica capaz de vencer, na prática, a teoria econômica elaborada por Marx. As palavras-chave do seu paradigma são: indivíduo, subjetivismo, sociedade aberta, capitalismo, mercado livre, flexibilidade do regime das taxas de câmbio, *deregulation*, privatização, divisão do trabalho, espírito empresarial, internacionalismo, globalização, conservação, inovação e ceticismo relativo à previsão.

A sua força reside no fato dos economistas vieneses, ao contrário dos sociólogos de Frankfurt, não terem se limitado a estudar e a escrever, mas mostraram um surpreendente "empreendedorismo intelectual" formado por contatos estreitíssimos com as elites acadêmicas, editoriais, políticas, bancárias e empresariais; pela destreza com que souberam almejar e conquistar as cadeiras de ministros, consultores de luxo, presidentes de associações prestigiadas, além de obterem Prêmios Nobel. Foram grandes tecedores de poderosos *lobbies* e de extensas redes: dos grupos intelectuais boêmios dos cafés de Viena até os melhores *lounges* dos dois lados do Atlântico, das universidades até as *business schools*, das fundações e das comissões consultoras dos maiores poderes políticos até os centros nevrálgicos dos grandes fluxos financeiros internacionais.

Onde quer que tenham sido tomadas grandes decisões econômicas, sempre esteve presente um economista da Escola de Viena ou da Escola de Chicago, ou seja, um adepto do neoliberalismo. Assim como os antigos romanos construíam termas e teatros onde chegavam, os austro-economistas também organizavam sempre um *Kreis*, sabendo que a influência é um degrau bastante eficaz para subir ao poder e que um círculo logo se torna um grupo de pressão. O passo seguinte foram os centros de pesquisa — rigorosos, interdisciplinares e exclusivos —, generosamente financiados por fundações, plataformas para que as ideias fossem impostas a todos os *policy makers* do Ocidente e para que os jovens economistas fossem colocados em cátedras de todas as universidades. Em síntese, os vienenses, juntamente com a Escola de Chicago e o Peterson Institute de Washington, abriram contra o socialismo uma guerra fria cultural paralela e enredada com a Guerra Fria política e militar, posicionando-se do lado do Pentágono, de Hollywood, de Wall Street e, por último, do Silicon Valley.

A sua fragilidade reside, por um lado, em terem prestado atenção sobretudo aos relacionamentos individuais entre homens e coisas — descuidando das relações sociais entre grupos e entre classes — e, por outro lado, em terem desvalorizado a natureza conflituosa das relações sistêmicas existentes entre os vários estratos da sociedade. Fornecendo à burguesia as armas conceituais para esmagar o proletariado e proletarizar a classe média, esqueceram o rancor dos pobres, que, com o aumento descontrolado das desigualdades, acabam por "perturbar" a tranquilidade dos ricos.

Em junho de 2015, enquanto o patrimônio dos grandes milionários aumentava desmesuradamente com as cinzas da crise econômica — que, entretanto, gerava milhões de novos pobres —, realizou-se em Monte Carlo o Financial Times Business of Luxury Summit, durante o qual discursou Johann Rupert, um homem de negócios sul-africano com um patrimônio de 7,5 milhões de dólares[73]. Essa fortuna vem da *holding* Richemont, da qual é proprietário e que produz desde joias até armamento. As suas marcas vão da Cartier à Vacheron Constantin, passando pela Piaget e pela Buccellati.

Rupert tinha retornado ao seu lugar como presidente da Richemont em setembro de 2014, depois de ter passado um ano

---

[73] Nota dos editores: à época da edição deste livro, o patrimônio acumulado de Johann Rupert já ultrapassava os 8,8 bilhões de dólares.

sabático mergulhado na leitura e dedicado à pesca, portanto, nas condições ideais para refletir sobre a complexidade do mundo que o rodeava. Por último, tinha lido sobre as mudanças que a tecnologia traria ao mundo do trabalho e refletido sobre os dados da OXFAM segundo os quais 1% da população mundial possui mais riqueza do que o 99% restante. No seu discurso, Rupert começou dizendo: "Não consigo dormir à noite." E prosseguiu:

> Nesta fase, estamos a destruir a classe média. É injusto. Quando o pobre se insurgir, as classes médias não vão querer adquirir mais bens de luxo por medo de expor a sua riqueza. E existe a possibilidade de os pobres se insurgirem contra os ricos. Como a sociedade está se preparando para lidar com o desemprego estrutural e a inveja, o ódio e a guerra social? É isto que não me deixa dormir à noite.[74]

---

[74] *Huffington Post*, 14 de junho de 2015.

SEGUNDA PARTE

# Duas Práticas

*Os defeitos mais evidentes da sociedade econômica em que vivemos são a incapacidade de criação do pleno emprego e a distribuição arbitrária e iníqua das riquezas e dos rendimentos.*

John Maynard Keynes, 1936

# Trabalho

*Uma coisa é certa: já somos todos, potencialmente, excedentários.*

André Gorz

*Cinco concepções do trabalho*
O trabalho é o contexto experimental em que o progresso e a complexidade exibiram o seu poder e em que a direita e a esquerda contrapuseram com maior energia os seus recursos intelectuais e organizativos.

O século XX começou com quatro concepções diferentes do trabalho: a Igreja considerava-o um castigo divino, um dever e um resgate, "porque os funestos frutos do pecado são amargos, ácidos, ásperos, e acompanham necessariamente o homem até o derradeiro suspiro", como diz o n.º 9 da Encíclica *Rerum Novarum* (1891);[75] o liberalismo concebe-o como fator produtivo, como mercadoria de uso e de troca, como medida de comparação num mercado meritocrático e concorrencial; o marxismo percebe-o como a essência própria do homem, a

---

[75] *L'Enciclica Rerum Novarum*, ed. de ANTONAZZI, Mons G., Roma, Edizioni di Storia e Letteratura, 1957, p. 213.

atividade pela qual valoriza as suas melhores qualidades e que, portanto, não pode ser mercantilizada, sob pena de alienação, da qual só se pode libertar através da abolição revolucionária da propriedade privada dos meios de produção; o socialismo, por fim, concebe o trabalho como uma atividade penosa, que, no entanto, através de reformas, pode ser humanizada até se tornar uma fonte de feliz socialização.

Mas existe uma quinta concepção do trabalho, criada e imposta pelos engenheiros. Com efeito, no século XX, o trabalho tornou-se objeto de estudo científico para ser transportado do mundo do "mais ou menos" para o universo da precisão, com o objetivo de maximizar a produtividade. Ninguém descreveu esta mudança de forma mais sintética do que John K. Galbraith:

> A real conquista da ciência e da tecnologia modernas consiste em pegar pessoas normais, instruí-las a fundo num determinado setor e, em seguida, conseguir, graças a uma organização adequada, coordenar as suas competências com as de outras pessoas especializadas, mas igualmente normais. Isso permite prescindir dos genes.[76]

Desde os primeiros anos do século, tanto a produção como o consumo ficaram sob o domínio da engenharia, da economia e da gestão, enquanto o epicentro do progresso organizativo se deslocou da Inglaterra para os Estados Unidos. Peter Drucker, um dos mais prolíficos escritores sobre gestão, escreve o seguinte:

---

[76] GALBRAITH, John Keneth, *Il nuovo Stato industriale*, Turim, Einaudi, 1968 [1967].

"A revolução mundial do nosso tempo é *made in USA* [...]. O verdadeiro princípio revolucionário é a ideia da produção em massa."[77] Os pioneiros desta revolução foram dois engenheiros — Frederick W. Taylor (1856–1915), na Filadélfia, e Henry Ford (1863–1947), em Detroit —, cujas ideias vigoram até hoje: a divisão do trabalho e a linha de montagem fazem parte do nosso DNA cultural.

Em seu livro mais importante — *Shop Management*, de 1903 —, Taylor confia ao engenheiro a tarefa de introduzir na fábrica métodos e técnicas capazes de reduzir sistematicamente o tempo necessário para a produção, passando de uma velha organização baseada no bom-senso para uma nova organização pensada como *scientific management*. Com essa finalidade, as funções de direção são claramente separadas das funções executivas, e estas, por sua vez, são divididas de maneira a tornarem cada tarefa o mais breve e o mais simples possível";[78] depois, são classificadas, cronometradas e prescritas, sem deixar ao trabalhador qualquer margem de critério pessoal. É assim que o cronômetro entra na fábrica, apodera-se dela, a regula e domina até transformá-la em uma máquina total única em que algumas partes são compostas por engrenagens metálicas e outras por seres humanos.

Na fábrica, Taylor dividiu e desumanizou o trabalho dos outros, quase todos operários. Fora da fábrica, escolheu para si uma vida centrada no ócio criativo: em 1901, com apenas

---

[77] DRUCKER, Peter, *The New Society: The Anatomy of Industrial Order*, Nova Iorque, Harper, 1950, p. 1.
[78] TAYLOR, Frederick W., "Direzione di officina", *L'organizzazione scientifica del lavoro*, introdução de MASI, Domenico de, Milão, Etas, 2004 [1903].

quarenta e cinco anos de idade, adotou um modelo de vida feito de consultorias esporádicas, de ocupações sedentárias, tais como a de acionista e de investidor na bolsa, mas sobretudo de *hobbies*. Além do golfe, a jardinagem tornou-se uma paixão tão grande que, para cultivá-la de acordo, chegou ao ponto de contratar um jardineiro com alguns assistentes, auxiliados de vez em quando por três dezenas de trabalhadores, por um engenheiro civil e uma grande quantidade de horticultores. Em certo sentido, podemos dizer que Taylor antecipou em cerca de cem anos aquilo que 8,3 milhões de trabalhadores americanos, angustiados pelo *burnout*, compreenderam apenas no verão de 2021, sob o chicote da pandemia, ou seja, que "*you only live once*", só se vive uma vez, deixando, por isso, o trabalho com uma *Big Quit*[79].

*A fábrica não é uma sala de estar*
Aplicando a gestão científica de Taylor, a empresa tornou-se um aglomerado de racionalismo neurótico visando ao lucro. Alfred Krupp, o poderoso empresário do aço e das armas, escreveu no seu diário:

> O que tentarei alcançar é que nada de importante aconteça sem a consciência da direção; que o passado e o futuro previsível da vida da empresa possam ser conhecidos meramente consultando os planos diretivos e sem fazer qualquer pergunta a quem quer que seja.

---

[79] *Big Quit* ou *Great Resignation* designa o fenômeno, de crescimento recente, em que alguns trabalhadores deixam o trabalho com o objetivo de se permitirem uma vida menos estressante e alienada.

Um tipo de organização mais taylorista do que as próprias ideias de Taylor encontrou uma concretização fundamental na linha de montagem, introduzida por Henry Ford na sua fábrica de Detroit (1913), e que, também graças ao *Tempos Modernos* (1936), de Charlie Chaplin, se tornara um símbolo da sociedade industrial. Em poucos anos, a linha de montagem, posteriormente aperfeiçoada, conseguiu quadruplicar o rendimento de cada operário, e Ford pôde escrever com orgulho na sua *Autobiografia*:

> O resultado claro da aplicação destes princípios é a redução da necessidade de pensar por parte do operário e a redução dos seus movimentos ao mínimo. No que for possível, o operário só faz uma coisa com um único movimento. [...] O operário médio, lamento dizer, deseja um trabalho em que não tenha de pensar.[80]

Se não deve pensar, também não deve confundir o trabalho com algo agradável:

> Quando se trabalha, é para trabalhar. Quando se joga, é para jogar. É inútil tentar misturar as coisas. O único objetivo deve ser trabalhar e ser pago por isso. Quando o trabalho termina, então, sim, pode-se jogar.[81]

E acrescenta que "para trabalharem juntos, os trabalhadores não precisam gostar uns dos outros [...]. Os homens fazem o

---

[80] Ford, Henry, *Autobiografia*, Milão, Rizzoli, 1982 [1922], p. 179.
[81] *Ibidem*, p. 166.

seu trabalho e vão para casa; uma fábrica não é uma sala de estar"[82].

### Produtos bem feitos e trabalhadores felizes

Com Ford e Taylor chega ao auge a divisão do trabalho manual, teorizado segundo métodos científicos e praticado com a ajuda do cronômetro e da linha de montagem, de maneira que tudo, dentro da fábrica, ocorra sob o controle minucioso e constante do patrão e seus gestores.

Para Simone Weil, que compartilhou a sua condição de operária, "a solução ideal seria uma organização do trabalho em que todas as noites saísse das fábricas o maior número possível de produtos bem feitos e de trabalhadores felizes"[83]. Mas este sonho, que será partilhado também por empresários como Adriano Olivetti, não passará de uma utopia enquanto o trabalho for organizado de maneira capitalista numa economia dominada pelo liberalismo e, pior ainda, pelo neoliberalismo. Como diz Marx no trecho já citado, "os únicos motivos que põem em movimento a economia política são a *avareza* e a *guerra entre os avaros*, a *competição*"[84].

A infelicidade no trabalho tal como o conhecemos é consequência da exploração nele implícita, na qual os sociólogos, na esteira de Marx, identificam a alienação: ou seja, a condição de quem desenvolve a sua atividade laboral na ausência de poder,

---

[82] *Ibidem*, pp. 166 e 190.
[83] WEIL, Simone, *La condizione operaia*, Milão, Edizioni di Comunità, 1974 [1951], p. 19.
[84] MARX, Karl, *Manuscritos Económico-Filosóficos*, *op. cit.*, p. 144.

de significado e de controle; privado das margens necessárias de subjetividade operativa, das informações necessárias para compreender o que está fazendo e, mesmo que compreenda, do poder necessário para controlar o processo produtivo. Quando isso acontece — e, com frequência, as relações de produção na indústria capitalista baseiam-se precisamente na concretização destes pressupostos —, o trabalhador encontra-se num estado de privação e de exploração, independentemente de ter ou não consciência e do modo como reage:

> O trabalhador torna-se mais pobre quanto mais riqueza produz, quanto mais a sua produção aumenta em poder e extensão. O trabalhador torna-se uma mercadoria mais barata quanto maior for o número de bens que produz. Com a *valorização* do mundo das coisas, aumenta em proporção direta a *desvalorização* do mundo dos homens. O trabalho não produz apenas mercadorias; produz também a si mesmo e ao trabalhador como uma *mercadoria*.[85]

Estas formas de alienação, causa de sofrimento e de infelicidade para milhões de seres humanos, estão presentes, ainda que com variações, na condição dos trabalhadores dependentes, mas tornaram-se intencionais com a organização científica triunfante na sociedade industrial e ainda mais sofisticadas na organização pós-industrial. Atualmente, a alienação é infligida aos trabalhadores através de fatores estruturais, como as péssimas condições logísticas e físicas em que desempenham algumas

---

[85] *Ibidem*, pp. 144–145.

tarefas, a repartição iníqua das mais-valias entre lucros e salários, a atribuição injusta de funções aos diferentes operadores que concorrem na produção com o seu contributo de capital, de ideias, de esforços intelectuais e físicos. Na atribuição das tarefas, é motivo de alienação a ausência de meritocracia quando se trata de aceitar ou de evitar as tarefas mais vergonhosas, mais entediantes, mais repetitivas, mais perigosas, mais banais, e pior remuneradas. Entre os gestores existem, também, outras causas de alienação: como deve ser estruturado o organograma; quem estabelece as estratégias e as táticas; quais as possibilidades de proposta ou de veto de cada uma; quais as fontes de poder e como deve ser exercido.

Existem, depois, causas culturais ligadas às diferenças de gênero, de idade, de ideologia, de escolarização, de classe, de nacionalidade, de etnia, de gosto, de usos e de costumes, que variam entre os lugares, as épocas, as classes e as empresas. As discriminações contra os negros, os jovens, os idosos ou as mulheres são outros exemplos de causas culturais da infelicidade. E não se pode esquecer que, na maior parte dos casos, os motivos de alienação somam-se, de modo que quem tem um trabalho mais perigoso, vergonhoso ou aborrecido é também mais mal remunerado e mais privado de poder.

Conforme a violência e a duração dessas angústias, do hábito dos trabalhadores à obediência ou da sua preparação para a luta, a infelicidade e o sofrimento traduzem-se em alegria, paciência ou conflitualidade.

*Capitalismo industrial, racional e burguês*
Para compreender a ligação entre liberalismo, condição humana e trabalho, façamos uma rápida consulta a uma obra famosa

de Weber — *A Ética Protestante e o Espírito do Capitalismo* (1904-1905).[86]

No seu ensaio, o sociólogo Max Weber (1864-1920) especifica que o capitalismo autêntico nasceu onde se formou "uma atitude de busca racional e sistemática do lucro". Portanto, coincidiu com o advento do Protestantismo, que, ao contrário do Catolicismo — no qual a verdadeira felicidade só existe no Paraíso —, antecipa o Paraíso nesta terra fazendo-o coincidir com o bem-estar econômico e com o sucesso profissional.

Como vimos, a Declaração de Independência dos Estados Unidos estabelece que todos os homens, por sua natureza, têm direito à procura da felicidade. O texto prossegue dizendo que "sempre que qualquer forma de governo se torne destrutiva desses fins, cabe ao povo o direito de alterá-la ou aboli-la e instituir um novo governo, baseando-o em princípios e organizando os seus poderes da forma que parecer mais conveniente para conseguir a segurança e a felicidade". Porém, mais de cem anos depois, em *Die Lager der Landerbeiter im ostelbischen Deutschland* (1892), Max Weber criticará esta declaração:

> Creio que devemos renunciar a colocar a felicidade humana como meta da legislação social. Nós queremos cultivar e sustentar aquilo que nos parece de valor no homem; a sua responsabilidade pessoal, a sua profunda dedicação às coisas mais elevadas, aos valores espirituais e morais da humanidade.

---

[86] Retomo aqui sinteticamente o que escrevi em *Mappa Mundi. Modelli di vita per una società senza orientamento*, Milão, Rizzolli, 2015, pp. 260 e ss.; e em *Il lavoro nel XXI secolo*, *op. cit.*, pp. 51 e ss.

É talvez aqui, nesta concentração da história sobre o indivíduo esquecendo a sociedade, nesta separação entre dedicação e valores espirituais, sem o mínimo de carnalidade humana, é aqui que jaz a raiz profunda da infelicidade que nos acompanhou durante os dois séculos da sociedade industrial e que ainda nos persegue.

Mas há mais. No século XVII, o Iluminismo colocou em primeiro plano valores que viriam a ter influência determinante na Revolução Industrial e no trabalho: o internacionalismo, o cientificismo, a igualdade, a equidade, a liberdade, o progresso, a inclusão, a capacidade de aprimoramento, a dignidade do cidadão independentemente da raça, da nação, da classe, do patrimônio e da fé. Mas, acima de tudo, o Iluminismo posicionou de forma central o papel imprescindível da razão e da racionalidade, simbolizando-as como a luz, contraposta à escuridão dos estereótipos, dos lugares-comuns, dos fanatismos, das superstições e das incertezas. Não foi por acaso que a filosofia, a matemática e a física foram as disciplinas mais praticadas pelos iluministas. Todavia, o Iluminismo não esqueceu das utopias, nem das emoções; aliás, como diz Norman Hampson, "o sentimento acabou sendo aceito como fonte de um tipo de conhecimento a que a inteligência não conseguia aspirar, e como árbitro da razão".[87] Recuperando e modificando a dicotomia de Blaise Pascal — *esprit de géométrie* e *esprit de finesse* —, os iluministas concentraram-se no primeiro sem descuidar do segundo, exaltaram a razão, mas sem renunciar às paixões, que,

---

[87] HAMPSON, Norman, *Storia e cultura dell'illuminismo*, Roma/Bari, Laterza, 1969, p. 199.

na perspectiva deles, continuam a ser fundamentais ao comportamento humano, guiando-o como um leme.

Max Weber tirou do Iluminismo a sua própria predileção pela racionalidade, mas, ao contrário dos iluministas e em nome da objetividade, recusava a mínima intromissão da postura visionária, da esfera emotiva e dos juízos de valor no comportamento racional. Chegará mesmo a dizer: "Quem procura a *visão* deve ir ao cinematógrafo... Quem procura um sermão vá ao convento."[88]

Depois, Weber concentra a sua análise na figura do empresário e do gestor: "Na época moderna, o Ocidente conhece uma espécie de capitalismo especial e que jamais se desenvolveu em outro lugar: a organização racional do trabalho."[89] Foi este tipo de organização específica, ocidental e moderna, que transformou os prestadores de trabalho em proletários, isto é, em trabalhadores livres assalariados; os patrões em burguesia, ou seja, em empresários que arriscam; os conflitos sociais em lutas de classe, isto é, em contraposição frontal entre burguesia e proletariado. O advento da indústria obrigou o capitalismo a modernizar-se até coincidir com o atual "capitalismo industrial burguês, com a sua organização racional do trabalho livre... Uma indústria privada, racional, com capital fixo e cálculo seguro"[90].

Quando Weber escreveu isto, sequer imaginava que, do lado de lá do Atlântico, estavam nascendo os exemplos máximos da

---

[88] WEBER, Max, *L'etica protestante e lo spirito del capitalismo*, Florença, Sansoni, 1965 [1904-1905], p. 79.
[89] *Ibidem*, p. 71.
[90] *Ibidem*, p. 75.

empresa capitalista organizada racionalmente: com efeito, em 1903, Frederick W. Taylor expunha em Saratoga o seu método científico para a divisão do trabalho e, no mesmo ano, Henry Ford abria em Detroit a sua primeira fábrica de automóveis, aquela em que viria a nascer a linha de montagem.

*O paraíso e o inferno começam já nesta terra*
Ao comparar os efeitos econômicos do Protestantismo com os do Catolicismo, Weber sublinha que as cidades mais ricas, as empresas e os empresários mais favorecidos com o sucesso e os trabalhadores mais laboriosos eram protestantes; protestantes eram, na sua maioria, os estudantes de institutos técnicos e científicos que se preparavam para empregos comerciais ou industriais; os aprendizes de artesãos de religião protestante, terminado o período de aprendizagem, passavam para as fábricas industriais, enquanto entre os católicos, os estudantes frequentavam estudos humanistas e os aprendizes preferiam ficar nas oficinas. Em favor desta observação, Weber cita um estereótipo difuso na Alemanha do seu tempo, segundo o qual

> o católico é mais tranquilo, dotado de menor impulso para a atividade industrial; prefere, sobretudo, uma carreira tão segura quanto possível, ainda que com menores rendimentos, a uma vida arriscada, intensa, mas que traga mais riqueza e honra. O provérbio popular diz, jocosamente, "ou comer ou dormir tranquilamente". No nosso caso, o protestante prefere comer, enquanto o católico quer dormir tranquilo.[91]

---

[91] *Ibidem*, p. 92.

Segundo Weber, o Deus católico, graças à confissão e às indulgências, permite que o crente oscile entre a culpa, o remorso, a expiação, a libertação e novamente a culpa; o Deus calvinista, ao contrário, é muito mais intransigente e almeja uma "santidade de obras elevada a um sistema". Daqui surge a hipótese weberiana de que o Protestantismo, sobretudo na sua versão calvinista, substituiu, com um novo modelo de vida racional e rigorosa, um modelo tradicional de vida mais cômodo, implícito nos ensinamentos da Igreja Católica, que "castiga os hereges, mas é clemente com os pecadores"[92].

Segundo a *Rerum Novarum*, promulgada por Leão XIII em 1891, "a verdadeira vida do homem é a do mundo que virá [...]. Deus não nos deu esta terra como a nossa morada fixa, mas como lugar de exílio".[93] Segundo os protestantes, sobretudo calvinistas, esta terra também é a pátria do homem, onde os empresários, através de uma organização racional, perseguem o sucesso e o lucro para deles usufruírem e voltarem a investi-los. O Protestantismo é racionalizante e meritocrático; "o racionalismo econômico, além de depender da racionalidade da técnica e do direito, depende sobretudo da capacidade e da disposição dos homens para certas formas de conduta prático-racional na vida". O sucesso nesta terra depende, sim, da graça divina particular que assiste cada um dos trabalhadores, mas também e acima de tudo da sua merecida capacidade de viver o próprio trabalho como *Beruf*, síntese fértil entre vocação e profissão.

---

[92] *Ibidem*, p. 87.
[93] *L'Enciclica Rerum Novarum, op. cit.*, p. 215.

O paraíso para os diligentes e o inferno para os ociosos começam já nesta terra, onde Deus premiaria uns com o sucesso e outros com a miséria.

*Mercadoria em um mercado de mercadorias*
Para o protestante, o trabalho é racionalidade, riqueza ("ganhar dinheiro, cada vez mais dinheiro"), velocidade (*"time is money"*), dinamismo, risco, parcimônia, santidade ("santidade de obras elevada a um sistema "), disciplina ("deveis trabalhar e ser ricos não para o prazer da carne e do pecado, mas para Deus"), concorrência ("esforçar-se para ganhar"), dever moral, competência profissional. Como se vê, "não é apenas capacidade nos negócios, é um *ethos* que aí se exprime".[94] Um *ethos* que desagua na compulsão psicótica do stackanovista *workaholic* e que Keynes identificará como uma "paixão mórbida, quase repugnante"[95].

Para Weber, o cosmo capitalista era um cosmo enorme no qual o indivíduo entrava ao nascer e no qual era obrigado a desempenhar a sua função como mercadoria num mercado de mercadorias. Neste cosmo, o agricultor — tal como o católico — contentava-se com pouco, "ganhar mais atraía-o menos do que trabalhar menos", em suma, a sua conduta era "tradicionalista", baseada no pressuposto de que "o homem *por natureza* não quer ganhar dinheiro, sempre mais dinheiro, mas

---

[94] WEBER, Max, *L'etica protestante e lo spirito del capitalismo*, op. cit., p. 103.
[95] KEYNES, John Maynard, *Prospettive economiche per i nostri nipoti* [1931], em idem, *La fine del "laissez-faire" e altri scritti*, op. cit., p. 65. Cf. **neste livro p. 110, nota 4.**

simplesmente viver, viver segundo os seus hábitos e ganhar o suficiente para o que é necessário"[96].

Segundo Weber, esta mentalidade do "proletariado atrasado" e a barreira de hábitos que a acompanhava eram o obstáculo mais insistente ao aumento da produtividade do trabalho que se poderia alcançar aumentando a sua intensidade. Como um antídoto para esse obstáculo, sugere a necessidade de um longo processo de "educação econômica" acompanhada pelo estímulo religioso, instilando no trabalhador "aquela concepção do trabalho como fim em si mesmo, uma *vocação*, como requer o capitalismo"[97].

Para o capitalismo industrial, o trabalhador ideal, sobretudo o empresário, é aquele que se alegra na ação, que não consegue não trabalhar, que vive para a sua empresa, que não ostenta o seu poder, que tem uma conduta de vida quase ascética, que busca no trabalho, sobretudo, "o sentimento irracional de cumprimento do seu dever profissional"[98].

*Especialista sem inteligência, hedonista sem coração*
Em 1904, Weber, tal como havia feito Tocqueville mais de setenta anos antes, viajou para os Estados Unidos e relatou a sensação de que naquele país "a atividade econômica, despida do seu sentido ético-religioso, tende a associar-se a paixões puramente competitivas, que não raramente lhe dão características de um esporte". Por isso, traindo os seus propósitos

---

[96] WEBER, Max, *L'etica protestante e lo spirito del capitalismo, op. cit.*, pp. 115–116.
[97] *Ibidem*, p. 119.
[98] *Ibidem*, p. 129.

de objetividade e distanciamento racional em relação à matéria tratada, conclui o seu ensaio com uma visão apocalíptica: "Para o último homem desta evolução da civilização, poderá ser verdadeiro o dito: *Especialista sem inteligência, hedonista sem coração: esta nulidade acha que atingiu um nível de humanidade nunca alcançado.*"[99]

O homem, racionalizando a organização da sua vida e do seu trabalho, acrescentando-lhe eficiência e produtividade, deu um passo à frente no caminho do progresso, refinou a sua maneira de viver e ampliou seu domínio sobre a natureza. Isso significa que é mais feliz? Na verdade, apenas tornou mais complexa a realidade que, agora, lhe parece mais problemática, deslocou a sua curiosidade para o futuro, para a espera do novo, para a promessa de acontecimentos inéditos e, portanto, passou da monotonia tranquilizadora da tradição para a ansiedade confusa da incerteza. A felicidade constantemente adiada deixa-nos insatisfeitos com o presente, nós, que procuramos incansavelmente dar um sentido às coisas. A posse de bens novos, mais abundantes e sofisticados, permitida pela racionalização técnico-industrial satisfaz as necessidades primárias, mas traz para primeiro plano, mais urgentes que nunca, necessidades que antes eram meramente secundárias e supérfluas.

Weber tem consciência de tudo isso; sabe que, com o avançar da racionalização, isto é, do conhecimento científico, com a difusão do modelo protestante da vida e do trabalho, evapora-se o sentido do sagrado e o encantamento do mundo, que o

---

[99] *Ibidem*, pp. 305–306.

utilitarismo torna sombria a realidade, torna cético o aborrecimento e impele a entulhar o vazio da alma com o consumismo, com a agitação revolucionária, com o empenho militante.

O que fazer então? Weber se coloca e nos coloca a todos em uma encruzilhada individualista: coragem ou prudência, audácia ou precaução? O famoso frasista e campeão de beisebol, Lawrence P. Berra, teria dito: "Quando chegar a uma encruzilhada no caminho, siga por ela."[100] Max Weber caiu em depressão e acabou os seus dias numa clínica.

*O advento pós-industrial*
A Segunda Guerra Mundial foi um sangrento ritual de passagem da sociedade industrial, centrada na produção em grande série de bens materiais (automóveis, frigoríficos etc.), dominada pelos proprietários das fábricas, para uma sociedade de tipo pós-industrial, centrada na produção de bens imateriais (conhecimento, serviços, informações, símbolos, valores e estética), dominada pelos proprietários dos meios de informação e dos laboratórios do conhecimento. Os fatores que fecundaram a recém-nascida sociedade pós-industrial no seio da precedente sociedade industrial foram o progresso científico e tecnológico, a globalização, a escolarização em massa e os meios de comunicação social. Pressionando ao mesmo tempo, estes fenômenos produziram uma das revoluções mais profundas e difusas da história da humanidade, da qual nós, contemporâneos, temos o privilégio e a sorte de participarmos em primeira pessoa.

As consequências foram perturbadoras. Em três ou quatro gerações a população mundial dobrou; o mesmo pode-se dizer

---

[100] No original: «*When you come to a fork in the road, take it.*» [N. do T.]

da longevidade. As emoções e os sentimentos voltaram a ganhar terreno em relação à pura racionalidade industrial. O individualismo induzido pela concepção neoliberal da economia e da sociedade reduziu a propensão para o convívio. Surgiram novos valores na sociedade como a intelectualização de todas as atividades humanas, a criatividade, a ética, a estética, a subjetividade, a afetividade, a desestruturação do tempo e do espaço, o cosmopolitismo e a qualidade de vida. Todos os ramos da sociedade se feminilizaram e o direito regulamentou a crescente paridade de gênero. O tempo e o espaço desestruturaram-se, permitindo a coexistência entre sedentarismo e nomadismo, fisicalidade e virtualidade. A qualidade de vida tornou-se o objetivo prioritário do sujeito social e a palavra de ordem de todas as reivindicações.

Disso resultou, para todos nós, a necessidade de metabolizar esta vasta gama de mudanças; isto é, a passagem das tecnologias mecânicas para as tecnologias digitais; da cultura moderna para a cultura pós-moderna; da satisfação das "necessidades fortes", primárias, essenciais, para as "necessidades frágeis", secundárias, acessórias; do uso da energia e dos materiais tradicionais para o nuclear, o biotecnológico, os novos materiais; da epistemologia baseada na simplicidade e na linearidade para a epistemologia baseada na descontinuidade e na complexidade; do trabalho rigidamente executivo para o trabalho flexivelmente criativo.

Tudo isto se passa em um mundo globalizado em que cada vez mais seres humanos se deslocam da periferia para os centros; em que a movimentação de mercadorias e de pessoas conheceu uma aceleração por conta de meios de transporte mais rápidos do que nunca; em que a difusão planetária das informações acontece em tempo real, os processos de interação cultural são facilitados pelas redes sociais; em que toda a humanidade sente, simultaneamente, os mesmos medos e nutre as mesmas esperanças. No mundo inteiro, a velocidade prevalece sobre a identidade, a virtualidade sobre a tangibilidade e a hibridização sobre a separação; a mercantilização estende-se dos bens materiais para os bens imateriais, para as relações interpessoais e para a cultura. Todas estas transformações agem simultânea e sinergicamente sobre a representação simbólica — ou seja, sobre a cultura —, que um número crescente de humanos vai construindo do seu próprio mundo e do seu próprio destino.

*Desorientação e crise*
As dificuldades em metabolizar todas estas múltiplas transformações ao mesmo tempo, junto com o perigo crescente de manipulação, vigilância, desorientação, descontrole, abstração excessiva, violação da privacidade, massificação, marginalização, desemprego, *digital divide* e *stress*, geram a atual sensação difusa de desorientação e crise que, por sua vez, pode degenerar em desordem, depressão, angústia, conflito, agressividade e autodestruição.

Para a desorientação geral contribuem vários tipos de desorientação setorial: a desorientação genética (quando, de fato, se nasce e se morre?); a desorientação sexual (em que medida se é masculino ou feminino ou outro gênero?); a desorientação familiar (o que é, atualmente, a família? A quem engloba? Onde começa e onde termina?); a desorientação ética (o que é o bem e o que é o mal?); a desorientação estética (o que é o belo? E o que é o feio?); a desorientação religiosa (Deus existe? Qual Deus? Existe o Além? Qual Além?); a desorientação política (o que é a Direita e o que é a Esquerda?); a desorientação econômica (o que é o Capitalismo? O que é o Socialismo? O que é o Estado? O que é o Mercado?); a desorientação cultural (que modelos de vida, que gostos, ideias, hábitos, formas, costumes, linguagens preferir?); a desorientação pedagógica (ainda existem professores? E alunos?); a desorientação espaço-cultural (o que é o passado? O que é o presente? O que é o futuro? O que é que está próximo e o que é que está distante? O que é nômade e o que é sedentário?).

Encarando estas questões tão radicais e irredutíveis, a reação mais difusa é a da suspensão entre surpresa e pânico: um efeito que favorece um pouco a depressão por todo o planeta, ainda que por causas diferentes de acordo com a região.

Quem está desorientado se sente em crise e quem se sente em crise deixa de projetar o seu futuro. Se deixamos de projetar o nosso futuro, alguém irá projetá-lo por nós, não em função dos nossos interesses, mas das suas vantagens, e somamos à frustração da desorientação a frustração da impotência. No fim do processo, a desorientação vai traduzir-se em medos difíceis de exorcizar; medo da guerra, das epidemias, dos imigrantes, da superpopulação, da poluição, da violência, da promiscuidade, do multiculturalismo, das crises econômicas, do tédio, da morte, do Além: igualmente causas de infelicidade individual e coletiva.

A *alienação dos colarinhos brancos*
A relação percentual entre colarinhos brancos e operários, inclusive nas fábricas, está cada vez mais desequilibrada em favor dos primeiros, mas isso não implica em uma redução da exploração dos trabalhadores, mas, sim, em uma mudança das suas vítimas,

das suas modalidades e das suas sedes. A sociedade industrial, como vimos, é sinônimo de racionalismo. Na fábrica tudo era inspirado obrigatoriamente na linha de montagem racional, linear, previsível, e, do mesmo modo, no escritório tudo devia, e ainda deve, ser esquematizado, enquadrado, mantido sob controle: paralelepípedos de vidro e cimento; corredores compridos paralelos; separação evidente entre chefes e funcionários, entre setor de direção e setor de pessoal, sublinhada pela disparidade de higiene, de cores, de decoração. Tudo em função de um trabalho em tempo integral, igualmente linear, minuciosamente programado, rigorosamente monitorado, de manhã ao entardecer e da juventude até à aposentadoria, sem solução de continuidade, sob a égide de um taylor-fordismo organizativo que tende a avaliar toda e qualquer ideia e a medir todas as operações dos funcionários, capturando-os nas redes burocráticas dos escritórios. Tudo isso no contexto de uma hierarquia empresarial, em que cada um é chefe de algum funcionário e, em simultâneo, funcionário de algum chefe[101].

Devido a um *cultural gap*, a organização sadomasoquista pensada na era industrial para os operários da fábrica suja e ruidosa sobrevive intacta na era pós-industrial também para os executivos que trabalham reclinados nos gabinetes de direção acarpetados e assépticos. O diplomado da alta burguesia com mestrado obtido na London School of Economics passa lá dez horas por dia isolado, quando não é obrigado a correr de um arranha-céus para outro, guiado por um *smartphone*.

---

[101] Para uma descrição mais detalhada das condições dos empregados, ver o primeiro capítulo do meu *Il futuro del lavoro, op. cit.*

*Subclasse pós-industrial*
Os efeitos do neoliberalismo sobre o trabalho manifestaram-se de forma desfragmentadora: flexibilidade, informalidade, pluriatividade, descontinuidade e precariedade. Isto significa insegurança laboral, desqualificação, redução do trabalho assalariado, salários cada vez mais baixos, obsolescência cada vez mais rápida dos conhecimentos profissionais e da experiência, riscos cada vez maiores e cada vez mais jogados pelos patrões nos ombros dos trabalhadores, direitos contratuais cada vez mais reduzidos, exclusão relativa aos níveis de bem-estar alcançados e às relações profissionais e pessoais consolidadas, tomada de consciência de que a riqueza tem um prazo e de que a pobreza é definitiva, consciência de que atualmente somos numerosos demais, como diz Gorz. Em suma, infelicidade.

Atualmente, quem despede não são apenas as empresas em crise — porque se desmobilizam ou se deslocam —, mas também as empresas de sucesso, já que se reciclam rapidamente de um setor para outro, emigram de um país para outro, substituem empregados de carne e osso por empregados mecânicos e, quando investem, não o fazem contratando operários, mas usando robôs ou inteligência artificial. Entretanto, o Estado-monstro, faminto por causa da evasão fiscal, enganado através dos paraísos fiscais, assediado pelos pedidos crescentes de subsídios, reduz cada vez mais o seu *welfare*, a quantidade e a qualidade dos seus serviços.

Em suma, infelicidade.

Tudo isto ocorre enquanto a riqueza vai gotejando, não de cima para baixo, como prometiam os economistas Arthur Laffer e Simon Kuznets, mas de baixo para cima. Os *global players* acumulam riquezas e poder que superam a riqueza e o poder dos Estados-nação. A economia financeira, supranacional e fluidíssima, suplanta a economia real. Milhões de trabalhadores emigram de um lado para o outro do planeta em busca de sobrevivência. O capital já não se contenta em caminhar por evolução progressiva, mas fomenta contínuas e fulminantes revoluções tecnológicas, biológicas, culturais, que aumentam a separação entre patrões e trabalhadores, aos quais apenas se reconhece o direito de pedir reformas, lentas, inócuas e irrelevantes por definição.

Em suma, infelicidade.

A centralidade operária almejada pelo marxismo, o interclassismo das terceiras vias e dos partidos de formação cristã vão sendo substituídos pela presença fugidia de uma classe que não é classe, de uma camada social que não é camada, de um *patchwork* de desempregados, semiempregados, trabalhadores com suspensão do contrato de trabalho, jovens que concluíram os estudos, mas não encontraram trabalho, funcionários despedidos de empresas estatais inúteis, empregados cujas empresas faliram ou fugiram para outra região, um crescente exército pós-industrial na reserva cuja única causa comum de alienação é o problema da precariedade e da errância. Desta nova classe que não é classe, as mulheres são a maioria e sofrem em dobro com a condição de serem resíduos sociais.

Em suma, infelicidade.

Que formas de conflito esta *mousse* social, identificada com a precariedade e o risco, pode criar? Se longa foi a marcha que o proletariado teve de percorrer para se tornar classe social, para identificar os seus inimigos, para dar consistência e estratégia à sua organização de luta — servindo-se também da unidade entre espaço e tempo oferecida pela fábrica —, é difícil esperar em breve a mesma consistência e a mesma combatividade de uma multidão informe de desesperados, que os meios de comunicação manipulam e desinformam de maneira mortífera e cientificamente planejada.

Em suma, infelicidade.

Em meados do século XX, o proletariado tinha sobre a burguesia a vantagem de um poderoso corpo teórico fornecido por Marx e, para suplantar esta vantagem, os economistas de Viena esforçaram-se, com todos os meios, para alcançar os seus objetivos. Atualmente, as relações de força inverteram-se: a burguesia tem os seus textos sagrados, as suas cátedras universitárias, as suas fundações, os seus *lobbies*, os seus bancos, os seus partidos, os seus ministros, os seus intelectuais premiados com o Nobel, enquanto a nova subclasse proletária, estes novos "farrapos ao vento", ainda que alfabetizados e diplomados, estão entregues a si mesmos, sem sindicatos que os protejam, nem partidos que os formem e organizem, nem meios de comunicação que lhes deem voz.

Em suma, infelicidade.

Esta massa amorfa e acéfala só consegue se exprimir através de movimentos ingênuos e inofensivos aos quais as instituições — empresas, partidos, meios de comunicação, sindicatos, grupos de pressão — enfrentam até aniquilá-los ou domesticá--los. E mesmo quando encontram um apoio inesperado como o do Papa Francisco, no máximo conseguem um ótimo diagnóstico da sua condição penosa e das causas pérfidas que a determinam, mas a terapia reduz-se a estimular uma esperança gênerica na divina providência e na generosidade caridosa dos poderosos.

Em suma, infelicidade.

*A desforra do pensamento meridiano*
Contudo, nesta construção luciferiana existe um problema, e a astúcia do desespero pode induzir a parte saudável da sociedade a usá-lo como travessia para um mundo mais justo, se não mais feliz. A invasão da racionalidade científica no trabalho graças ao taylor-fordismo consolidou o advento da sociedade industrial e assinalou uma separação não apenas entre uma organização aproximativa e uma organização rigorosa, mas também — como nos recordou Max Weber — entre uma visão católica e uma visão protestante do trabalho e da vida. A cultura protestante — preferida pelo sociólogo racionalista que, de resto, a ela pertencia — era particularmente adequada para favorecer a industrialização e aumentar a produtividade do trabalho executivo, assegurando à indústria capitalistas vorazes, mas de consciência tranquila, e proletários explorados, mas resignados.

Foi justo a fome voraz, totalmente protestante, de produtividade e de dinheiro que acelerou a industrialização e impeliu as empresas a substituir cada vez mais o trabalho humano pelo trabalho mecânico, de modo que, hoje, a duzentos anos de distância das primeiras fábricas, a maioria dos trabalhadores já não tem tarefas físicas e executivas, mas atividades intelectuais e criativas. Nesta fase evolutiva da sociedade pós-industrial, a ética protestante do trabalho, muitíssimo eficaz no passado para multiplicar a produtividade do proletariado e atenuar--lhe a combatividade, cria mais problemas do que resolve. Ao contrário, os valores da velha cultura tradicional e católica (é melhor ganhar menos do que trabalhar mais; é melhor viver do que se matar de trabalhar), reinterpretados à luz do pós-industrialismo, emergem muito mais pós-modernos e apropriados do que os antigos valores calvinistas.

Se, em pleno aumento do desemprego gerado pela pandemia, milhões de trabalhadores deixam o seu posto de trabalho para irem em busca de outro menos alienante, ou até mesmo nenhum outro, se nas sondagens aumentam os entrevistados que preferem uma redução do horário de trabalho a um aumento salarial, se aumentam os pedidos de *part-time* e de *smart working*, significa que a ética protestante do trabalho pelo trabalho, do trabalho como vocação e como profissão, já não seduz tanto assim a população ativa. Significa que a velha postura católica, denunciada por Weber ou, melhor, o pensamento meridiano, tal como teorizado pelo sociólogo Franco Cassano, começa a vingar.

# Ócio

*A civilização não nasce do trabalho: nasce do tempo livre e do jogo.*

Alexandre Koyré

*Cinquenta escravos para cada um*
Aristóteles, em *Política*, escreve: "Se cada instrumento conseguisse desempenhar a sua função por si só, executando uma ordem ou prevendo-a antecipadamente, se os carretéis tecessem e os plectros tocassem lira sozinhos, então os chefes dos artesãos não precisariam de operários nem os senhores precisariam de escravos."[102] Perseguindo este sonho, inventamos a roda e os robôs para eliminar o esforço físico, a tabuada de multiplicar e a inteligência artificial para eliminar o esforço intelectual. Os engenheiros, com as suas máquinas e a sua gestão científica, permitiram-nos produzir cada vez mais bens e serviços recorrendo cada vez menos à energia humana. Hyman G. Rickover, em *Prospect for the Rest of Century*, calcula que os eletrodomésticos modernos forneçam a cada família uma ajuda comparável àquela que, na Grécia Antiga, se obtinha com 33

---

[102] ARISTÓTELES, *Política*, edição de LAURENTI, Renato, Bari, Laterza, 1997, p. 9

escravos. Serge Latouche observa que "o nosso consumo diário de hidrocarbonetos equivale ao trabalho diário de mais de 300 milhões de seres humanos, como se cada pessoa na Terra tivesse à sua disposição 50 escravos".[103] Em 1891, os italianos, que eram menos de 40 milhões, trabalharam, no total, 70 bilhões de horas. Cem anos mais tarde, em 1991, passaram a ser 57 milhões e, no entanto, trabalharam apenas 60 bilhões de horas produzindo 13 vezes mais. Atualmente, há cerca de 60 milhões de italianos que em um ano trabalham cerca de 40 bilhões de horas e produzem 600 bilhões de dólares a mais do do que em 1991. Tudo isto anuncia uma progressiva redução da necessidade de trabalho humano. Jeremy Rifkin chegou mesmo a falar sobre o "fim do trabalho"[104].

No seu livro *Vita Activa*, de 1958, Hannah Arendt questionava-se sobre o que aconteceria numa sociedade baseada no trabalho quando este deixasse de existir. Com mais razão devemos nos fazer a mesma pergunta, visto que o Artigo 1 da nossa Constituição, que remonta a 1947, diz: "A Itália é uma República Democrática, baseada no trabalho." Mas o que é hoje o trabalho? E que tipo de cidadão é um italiano que não tem trabalho? Perante o trabalho que não é suficiente para todos, há duas alternativas: ou o que resta é dividido em partes cada vez menores entre os vários membros da população ativa, ou

---

[103] LATOUCHE, Serge, *Pequeno Tratado do Decrescimento Sereno*, Lisboa, Edições 70, 2020, p. 109. Edição italiana: *Breve trattato sulla decrescita serena*, Bollati Boringhieri, Turim, 2008, p. 95.
[104] RIFKIN, Jeremy, *The End of Work: The Decline of the Global Labor Force and the Dawn of the Post-Market Era*. Edição italiana: *La fine del lavoro. Il declino della forza lavoro globale e l'avvento dell'era post-mercato*, Milão, Baldini & Castoldi, 1995.

só alguns trabalham e os outros todos ficam desempregados. A Alemanha optou, ainda que suavemente, pela primeira solução: para cada trabalhador o horário médio de trabalho é de 1.356 horas por ano, pelo que 79% da população ativa está empregada e apenas 4% desempregada. Na Itália, preferiu-se a segunda solução: a média laboral per capita é de 1.723 horas por ano e, consequentemente, a taxa de emprego global é de 58%, enquanto a taxa de desemprego é de 10%. Se cada trabalhador italiano trabalhasse as mesmas horas do que o seu colega alemão, teríamos mais 6 milhões de postos de trabalho, os desempregados desapareceriam e haveria espaço também para três milhões de imigrantes.

*Os seus netos, ou seja, os nossos filhos*
Entre 1928 e 1930, na sequência do convite de algumas associações culturais como a Essay Society do Winchester College ou o Political Economy Club de Cambridge, Keynes deu, várias vezes, uma conferência intitulada *Perspetivas Econômicas para os Nossos Netos*. Em junho de 1930, repetiu-a em Madrid e no ano seguinte publicou-a com a Royal Economic Society.[105]

---

[105] Atualmente, o texto da conferência pode ser lido em KEYNES, John Maynard, *Collected Writtings*, Vol. IX: *Essays in Persuasion*, Cambridge, Cambridge University Press, 2013 (nova edição). A tradução italiana foi publicada em *idem, La fine del "laissez-faire" e altri scritti*, op. cit., pp. 57-68, de onde foram retiradas as citações por mim comentadas em seguida. A conferência foi igualmente publicada, como apêndice, em MASI, Domenico de, *Sviluppo senza lavoro*, Roma, Edizioni del Lavoro, 1994, e pela Adelphi em 2009 com um posfácio inconclusivo de Guido Rossi. A conferência de Keynes impressionou e persuadiu de tal forma Giovanni Agnelli, que ele decidiu, imediata e drasticamente, reduzir o horário de trabalho da Fiat. Infelizmente, consultou

Os destinatários ideais da conferência são os descendentes de Keynes, que chegarão ao limiar do mercado de trabalho por volta de 2030, e nós hoje, estando muito próximos desse prazo, podemos constatar *a posteriori* o grau de aproximação com que o grande economista inglês acertou seu alvo.

Os economistas sempre minimizaram a importância destas doze páginas considerando-as um simples *divertissement* de Keynes, totalmente marginal na sua poderosa produção. Pessoalmente, trocaria todos os livros que escrevi pela paternidade deste pequeno ensaio aparentemente despretensioso, escrito no estilo brilhante de que só um membro do Círculo de Bloomsbury poderia se gabar.

O livro divide-se em duas partes. O começo da primeira parte ("Atualmente, sofremos de um grave ataque de pessimismo econômico") parece situar o discurso de Keynes nos nossos dias e, por isso, nesta minha síntese, deixarei os verbos no presente ou no futuro, como ele os usou. Keynes prossegue. Receamos que o enorme progresso eclodido no Ocidente possa parar de um momento para o outro e que o rápido melhoramento das condições de vida já esteja num processo de declínio. Na realidade, são apenas as dores de crescimento resultantes da rapidez das mudanças e dos reajustes. A depressão que se abateu sobre todo o planeta (na época, por efeito da crise de 1929, nos nossos dias, devido à pandemia e à guerra) impede que vejamos em que direção estamos realmente seguindo.

---

Luigi Einaudi, e este, como bom marginalista que era, desaconselhou-o a fazê-lo. Uma enésima edição do texto de Keynes e a correspondência entre Agnelli e Einaudi podem ser lidas na revista *Next. Strumenti per l'innovazione*, n.º 1, primavera de 1998, pp. 209 ss.

Perante este ataque de pessimismo, os revolucionários pregam uma mudança radical enquanto os reacionários rejeitam qualquer tipo de mudança, por menor que seja. Mas — diz Keynes em 1930 — se tentarmos imaginar que desenvolvimento teremos daqui a cem anos (isto é, em 2030), quando os nossos netos se tornarem adultos, então o cenário mudará completamente e os problemas serão de uma natureza radicalmente diferente.

*Solução para o problema econômico*
Nos quatro mil anos que nos antecederam, nunca se assistiu a uma mudança tão veloz e tão brutal como a dos nossos dias. Quase tudo de substancial importância no mundo no início da era moderna era conhecido do homem que vivia nos primórdios da história. Depois, a partir do século XVIII,

> com um poderoso crescendo, inicia-se a época das descobertas científicas e das invenções tecnológicas, época que entra por assim dizer em pleno vigor nos primeiros anos do século XIX: carvão, vapor, eletricidade, petróleo, aço, borracha, algodão, indústrias químicas, máquinas automáticas e sistemas de produção em massa, telégrafo, imprensa, e depois Newton, Darwin, Einstein e milhares de outras vozes que todos conhecem.

Ao mesmo tempo que a técnica, também cresceu a população mundial, desenvolveu-se a manufatura e os transportes, melhoraram as condições de vida e, sobretudo, aumentou o capital. Tudo isto permite pensar que no arco de uma vida, aplicando um quarto do esforço necessário hoje, será possível concluir qualquer operação dos setores agrícola, mineiro, industrial e alimentar.

Enquanto Keynes dizia estas coisas em Madrid a um público, imagino eu, estupefato, não se sabia ainda qual era a composição do átomo ou a estrutura do DNA. Grande parte dos objetos que compõem o nosso atual universo material — desde a televisão ao computador, passando pela batedeira e pelo micro-ondas — não pertenciam à experiência do refinado economista de Bloomsbury e dos seus ouvintes.

Atualmente, cada vez que se fala de desemprego, aparece logo um economista qualquer a propor como remédio o crescimento econômico e a afirmar com segurança que as novas tecnologias não só evitarão a criação do desemprego como, pelo contrário, criarão mais postos de trabalho do que os que destroem. Keynes, ao contrário, não tem dúvidas, e nós também não, ao interpretar o *desemprego tecnológico* em toda a sua extensão: "Descobrimos sempre novos sistemas de poupar a força detrabalho e os descobrimos depressa demais para conseguirmos realocá-la." Em outras palavras, Keynes define com décadas de antecipação aquilo que mais tarde viria a ser chamado *jobless growth*, desenvolvimento sem trabalho. É aqui que está a sua originalidade corajosa e visionária: na opinião dele, o desemprego tecnológico é apenas uma fase transitória de desequilíbrio, não porque, mais cedo ou mais tarde, graças ao crescimento, estaremos todos empregados, mas porque, precisamente graças ao crescimento, estaremos todos desempregados:

> Visto em perspetiva, isso significa que *a humanidade avança para a solução do seu problema econômico*. Atrevo-me a afirmar que daqui a cem anos o nível de vida dos países desenvolvidos será superior de quatro a oito vezes ao de hoje. E não seria

arriscado colocar em perspectiva um crescimento ainda mais significativo.

Com efeito, lidas hoje, as previsões de Keynes estão erradas por acanhamento. Graças à aceleração dada pela Segunda Guerra Mundial, pelo progresso científico-tecnológico, pela escolarização e pelos meios de comunicação social, o crescimento dos países desenvolvidos foi bem superior a oito vezes.

### Perícia no trabalho, arte da vida

Começa, então, a segunda parte da conferência de Keynes. Depois de ter feito a distinção entre necessidades absolutas (que surgem em qualquer situação) e necessidades relativas (que se manifestam apenas quando nos comparamos aos outros), prevê que em breve seremos amplamente capazes de satisfazer todas as nossas necessidades absolutas, terminará a luta pela sobrevivência e, portanto, poderemos finalmente dedicar as nossas energias a objetivos que não têm nada a ver com a economia. Trata-se, portanto, de uma conclusão espantosa — e quanto mais se pensa nela, mais ela espanta —, de um salto abismal para a humanidade, uma virada revolucionária em relação aos milênios anteriores:

> Sem contar com a eventualidade de guerras e de aumentos demográficos excepcionais, o *problema econômico* pode ser resolvido, ou pelo menos poderá se vislumbrar uma solução, em cerca de um século. Isto significa que o problema econômico não é, olhando para o futuro, *o problema permanente da raça humana*. [...] Será um bem? Se acreditamos, nem que seja um pouco, nos valores da vida, abre-se pelo menos a possibilidade de que se torne um bem.

Temo-nos dedicado, desde o alvorecer da nossa história, à resolução do problema aflitivo da nossa sobrevivência, isto é, o problema econômico condicionou a evolução dos nossos hábitos, das nossas pulsões e dos nossos instintos. O que acontecerá quando esta aflição passar? Em poucas décadas, o homem médio também deverá abandonar os usos, os costumes e os instintos que o acompanharam desde sempre. Até agora, nos Estados Unidos e na Inglaterra, foi feita, ainda que em pequena escala, uma única experiência que de alguma forma se assemelha à experiência que, cedo ou tarde, todos faremos. Quem é obrigado a esforçar-se para sobreviver sonha com o prazer do ócio, mas as mulheres das classes ricas, livres da necessidade de cozinhar, lavar e remendar, correm o risco do esgotamento, não porque lhes falte algo, mas porque não têm nada para fazer. Depois de, durante milênios, termos enfrentado e resolvido, finalmente, o problema do trabalho *trabalhando*, temos de resolver, nos nossos dias, o problema do não trabalho *"ociando"*, mas sem cair num estado psicótico.

Aqui, a perspicácia de Keynes mostra-se refinadíssima. Libertados do problema do trabalho, nascerá o problema do tempo livre. Como preenchê-lo? Prevalecerá a alegria da liberdade, do convívio, do jogo, da amizade, do amor, ou o abismo da depressão, da desordem, da droga, da violência?

Os trabalhadores incansáveis, os grandes investidores, aqueles que sabem ganhar dinheiro continuarão a acumular riqueza, mas quando houver abundância para todos, só as pessoas que souberem substituir a "perícia no trabalho" com "a arte da vida" e recusarem a se vender de qualquer jeito em troca de meios de subsistência é que saberão usufruir dela. O problema nasce do fato de há muito tempo estarmos habituados a trabalhar sem descanso em vez de gozarmos a vida. Antigamente, os cidadãos livres viviam no ócio e os escravos trabalhavam; mais tarde, os aristocratas dedicavam-se aos *otia* enquanto os servos da gleba, os artesãos e os domésticos cumpriam todas as tarefas práticas. Atualmente, conquistados pelo *ethos* protestante como muito bem explicou Max Weber, também os ricos trabalham como loucos, ávidos por enriquecer ainda mais.

*Três horas por dia, quinze horas por semana*
Mas regressemos a Keynes. Na opinião dele, é necessário traçarmos para nós um plano de vida completamente diferente do das pessoas ricas e laboriosas. Como primeira etapa, o plano deve prever uma fase de desintoxicação da produtividade compulsiva que trazemos dentro de nós como resíduo do velho Adão, condenado a ganhar o pão com o suor da sua testa. É, portanto, aconselhável — enquanto o trabalho não desaparecer por completo — distribuir equitativamente o que resta de modo que cada qual possa trabalhar *mais um pouco*.

> Teremos de nos esforçar para repartirmos este "pão" em partes iguais de maneira que o pouco trabalho que ainda falta seja distribuído pelo maior número possível de pessoas. Turnos de três horas e semana de trabalho de quinze devem manter o problema sob controle durante um largo período. Três horas por dia, de fato, são mais do que suficientes para satisfazer o instinto do velho Adão que há em cada um de nós.

Ao longo dos milênios em que fomos obrigados a trabalhar para viver e acumular riqueza, foi-se acumulando em torno do trabalho um código pseudomoral que nos angustiou com os seus princípios supersticiosos transformando em falsas virtudes as características humanas mais desagradáveis. Mas quando superarmos o problema econômico,

> o amor pelo dinheiro como posse, distinto do amor pelo dinheiro como meio para usufruir dos prazeres da vida, será reconhecido como aquilo que realmente é: uma paixão mórbida, algo repugnante, uma daquelas propensões meio criminosas meio patológicas que habitualmente são do âmbito do especialista em doenças mentais.

Neutralizados os *workaholics*, toda a couraça de hábitos sociais, de práticas econômicas, de procedimentos administrativos, muitas vezes desagradáveis e injustos, criados em função da acumulação de capital, acabará por se fragmentar. Como é óbvio, ainda haverá pessoas hiperativas, excessivamente comprometidas, incentivadas pela riqueza e pelo excesso, perpetuamente insatisfeitas, mas nós já não seremos obrigados a admirá-las, conscientes de que o seu "envolvimento" persegue uma imortalidade falsa, em busca de um amanhã ilusório.

*Como os lírios do campo*
Assim como Taylor aprendeu a dedicar-se cada vez menos à profissão e cada vez mais à jardinagem e às relações, Keynes também soube antecipar a realização da sua utopia através da experiência multidisciplinar e refinadíssima do círculo de Bloomsbury do qual foi parte essencial, junto com gênios do calibre de Virginia Woolf, Bertrand Russell, Lytton Strachey e Edward M. Forster. O círculo tinha como preceito viver esteticamente em virtude e sabedoria, livres do tormento do trabalho

e do lucro. Repare-se como o culto, sofisticado e brilhante economista de Cambridge imagina a sociedade de 2030 (aquela que, do ponto de vista cronológico, está a um passo de nós), finalmente livre do trabalho:

> Vejo homens livres voltando a alguns dos princípios mais sólidos, aos valores autênticos da religião, às virtudes tradicionais: a avareza é um vício, a usura uma culpa, o amor pelo dinheiro desagradável e quem menos se preocupa com o amanhã avança mais rápido pelo caminho da virtude e da sabedoria profunda. Valorizaremos de novo os fins em detrimento dos meios e preferiremos o bem ao útil. Honraremos quem souber ensinar-nos a aproveitar o dia com virtude, as pessoas maravilhosas capazes de retirar um prazer diretamente das coisas, os lírios do campo que não trabalham nem fiam.

Keynes encaminha-se para o fim da sua conferência argumentando que o momento ainda não chegou e que será necessário esperar uma centena de anos (portanto, até aos nossos dias) para que a sua profecia se cumpra. Até então, temos de tolerar, ao nosso redor, a avareza, a usura, a precaução, "porque só estes princípios podem tirar-nos do túnel da necessidade econômica para a luz do dia". Existe, porém, uma certeza: a de que a maior mudança jamais ocorrida na história humana já começou, mesmo que se desenvolva gradualmente. À medida que grupos cada vez mais numerosos forem se libertando das necessidades econômicas e quando se ultrapassar o *break even point*, começaremos a comportar-nos de maneira altruísta. O tempo e o ritmo com que vamos chegar ao destino dependem de quatro fatores:

Da nossa capacidade de controle demográfico, da nossa determinação em evitar guerras e conflitos sociais, da nossa disponibilidade em confiar à ciência a direção das questões que são da sua estreita competência, da taxa de acumulação determinada pela margem entre produção e consumo.

Entretanto, temos de nos preparar para o futuro e experimentar a mudança, evitando superestimar o problema econômico e circunscrevendo a economia ao âmbito dos economistas, do mesmo modo que a odontologia está reservada aos dentistas.

Temos de admitir que a lucidez e, até, a desinibição previsiva de Keynes são impressionantes. Para avaliarmos o seu impacto, é suficiente que nos desafiemos tentando imaginar qual será o desenvolvimento econômico até 2130.

O problema que surge após ouvirmos a conferência de Keynes é: se resolvido o problema econômico, se resolve também o da felicidade e, em caso negativo, sob que novas formas se apresentará a infelicidade num mundo quase libertado do trabalho. Sergio Ricossa sublinhou que "pode-se dizer que o filho de um operário de um país industrializado tem, atualmente, ao nascer, a probabilidade de viver um número de anos muito superior ao do filho de um príncipe de três ou quatro séculos atrás".[106] Com certeza, o operário atual vive numa casa mais cômoda, equipada com eletrodomésticos e televisão, vai à escola e, talvez consiga concluir um curso universitário.

---

[106] RICOSSA, Sergio, *Storia della fatica. Quanto, come e dove si viveva*, Roma, Armando, 1974, p. 13.

Mas não é garantido que encontre um trabalho conforme sua formação ou, sequer, um emprego.

Atualmente, no mesmo mercado de trabalho convivem jovens sem emprego, desempregados, empregados precários, empregados em regime de suspensão de trabalho, trabalhadores oprimidos por cargos ou por condições de trabalho indignas. Para todos estes explorados pós-industriais seria ofensivo falar de felicidade no trabalho. Mas, ao mesmo tempo, as profecias de Keynes estão perto de se cumprir e um número crescente de trabalhadores por tempo indeterminado e de salário pleno admite que as tarefas diárias poderiam ser realizadas numa quantidade de tempo muito menor. Isto é, falta trabalho, mas os bens e os serviços continuam a crescer.

## Desemprego ou tempo livre

Estes problemas foram objeto de estudos e pesquisas sobretudo nos últimos trinta anos do século passado, quando as políticas econômicas neoliberais substituíram as keynesianas. Já em 1977, o grupo Adret, numa obra intitulada *Travailler deux heures par jour*, escrevia:

> O que é realmente difícil para a nossa sociedade não é reduzir o tempo dedicado ao trabalho, mas, sim, não o reduzir: para alcançar este resultado é necessário pagar (o menos possível) a um exército de desempregados; manter nas empresas uma relevante mão-de-obra excedente [...] criar postos de trabalho independentemente da sua real utilidade; realizar estudos importantes para tornar mais frágeis os bens de consumo que requerem longa duração; lançar campanhas publicitárias caras para convencer as pessoas a comprar coisas de que não

precisam; fazer com que os jovens, as mulheres, os velhos mantenham-se fora da vida profissional o máximo possível, e por aí vai.[107]

Foram sociólogos franceses que fizeram estudos sobre esta questão, publicando os livros mais interessantes. André Gorz, que lhe dedicou uma dezena de obras, todas de grande qualidade, escreveu no *Nouvel Observateur*[108], assinando como Michel Bosquet, um artigo em que denunciava:

> Irá se dizer às pessoas que corre risco de faltar trabalho ao invés de esclarecer que já não é preciso matarem-se a trabalhar. Irá se dizer às pessoas que o monstro do desemprego não dá tréguas, ao invés de lhes explicar como e porque é que teremos cada vez mais tempo livre, serão apresentadas as promessas da automatização como ameaça aos postos de trabalho, atiçarão os trabalhadores uns contra os outros para conquistarem os raros postos de trabalho que restam ao invés de motiválos a lutarem juntos por outra racionalidade econômica. O desemprego, com efeito, não é apenas consequência da crise mundial: é também uma arma para restabelecer a obediência e a disciplina às empresas.

---

[107] ADRET, *Travailler deux heures par jour*, Paris, Seuil, 1977.
[108] Publicado também em italiano com o título "Disoccupato sarà bello", em *Il Mondo*, 9 de fevereiro de 1979. Etapas sucessivas da reflexão sobre o *jobless growth* estão no meu ensaio "Sviluppo senza lavoro" (*Società dell'informazione*, n.º 4, outono de 1993; reedição em 1994 pelas Edizioni del Lavoro do sindicato CISL) e, de 1995, RIFKIN, Jeremy, *The End of Work*, *op. cit.*

Depois, Gorz coloca uma série de perguntas às quais podemos dar algumas respostas:

> A questão que surge atualmente é esta: a terceira revolução industrial conduzirá à sociedade do desemprego ou à sociedade do tempo livre? Libertará os homens dos trabalhos alienados ou vai aliená-los ainda mais através da inatividade forçada? Conduzirá a uma nova idade de ouro em que se trabalhará cada vez menos ainda que dispondo de uma massa crescente de riquezas ou acabará por condenar alguns ao desemprego e outros à improdutividade?

Só recentemente algumas empresas começaram a adotar a semana de trabalho de quatro dias, mas nenhuma ousa reduzir o horário semanal de trabalho abaixo das 30 horas. A pandemia fez disparar o número de trabalhadores em teletrabalho e tudo leva a crer que, mesmo depois desta emergência, o *smart working* continuará a ser uma das formas normais de trabalho dependente. É claro que não basta mudar o local de uma prestação de serviço para que ela se torne inteligente, mas de qualquer forma é um primeiro passo para a sua definitiva desestruturação espaço temporal.

Para o número crescente de desempregados e de trabalhadores precários, sobretudo quando têm estudos universitários, a alienação da inércia é uma forma pós-moderna e penosa de exclusão. A cem anos de distância, a lição de Keynes ainda não foi atendida e são raríssimas as experiências pensadas para sondar e ultrapassar as dificuldades psicossociológicas ligadas à passagem da sociedade do trabalho para a sociedade do tempo livre.

É, porém, cada vez mais evidente que as novas tecnologias eliminam mais postos de trabalho do que criam; que os trabalhos destinados a desaparecer são os trabalhos executivos, sejam eles de natureza física ou cognitiva; que a invasão das tecnologias evitará, de todas as formas, a exigência humana de criatividade, estética, ética, colaboração, pensamento crítico e *problem solving*; que as atividades pensantes sobreviverão também à inteligência artificial e aqueles que tiverem o privilégio de as exercer passarão a fazer parte de uma elite do saber que acumulará altas retribuições, forte autonomia, notável segurança ocupacional e qualidade de vida estável. Para todos os outros, haverá mais probabilidade de trabalho nas cooperativas de autoprodução e nas redes de troca das economias informais do que nos postos tradicionais de trabalho assalariado. O trabalho precário, o *multitasking*, as frequentes e previsíveis fases de desemprego e de reciclagem entre um emprego e outro terão como elemento econômico aglutinador o salário universal, dado que também o trabalho descontínuo tem direito a um rendimento contínuo. Como escreveu Bernard Maris, "para o assalariado não haverá o fim do trabalho, como parece indicar a diminuição tendencial das horas laborais; haverá, sim, o fim do trabalho sem fim, da precariedade, do isolamento, do *stress*, do medo e da certeza de perder rapidamente o trabalho"[109].

## A felicidade mensurada
Neste cenário tão contraditório, as probabilidades de ser feliz aumentam ou diminuem? Tendo por base a experiência destes

---

[109] Maris, Bernard, *Antimanuel d'économie*, Paris, Bréal, 2006, p. 109.

últimos 70 anos, é difícil defender que o neoliberalismo, com o seu sacrossanto mercado que se presume equilibrador, assegura bem-estar, liberdade, igualdade e solidariedade ao maior número de humanos: ou seja, assegura as pré-condições da felicidade. Milton Friedman intitulou a sua autobiografia — escrita juntamente com a sua mulher Rose — *Two Lucky People*. Duas pessoas sortudas. Sortudas — e, podemos supor, felizes — precisamente nos mesmos anos em que frequentavam e toleravam Pinochet. Portanto, Mozart tem razão quando diz que "a felicidade é apenas imaginação".

Esta palavra, "felicidade", que surgia com frequência nos livros de Smith e era central nos de Bentham e Mill, foi progressivamente desaparecendo da teoria e da prática dos seus sucessores. Talvez não seja casual que, na mesma época em que o neoliberalismo começava a estender toda a sua influência, começou a difundir-se a dúvida de que a riqueza traria felicidade. Em 1974, ano em que von Hayek ganhou o Prêmio Nobel, Richard Easterlin, professor na Universidade da Califórnia do Sul, ao conduzir um estudo sobre os motivos por que a economia não estava crescendo da forma que lhe parecia adequada, esbarrou na questão da "felicidade". Com efeito, constatou que se um pobre se torna rico, à medida que aumenta a sua riqueza aumenta também a sua felicidade. Mas esta correlação só vale até alcançar o nível de rendimento que assegura um mínimo de conforto (Easterlin fixou-o em torno dos 15 mil dólares). Acima deste nível, as preocupações aumentam mais do que as vantagens e, acima dos 30 mil dólares, a felicidade evapora-se. Tendo consciência, graças a Easterlin, de que os ricos também choram, podemos deduzir que Jeff Bezos é, atualmente, o homem mais infeliz da Terra.

Os economistas apressaram-se a chamar de *Easterlin Paradox* a este fenômeno: sem um mínimo de recursos materiais não podemos ser felizes, mas com abundância de recursos corremos o risco de sermos infelizes. Chegando aqui, levantam-se outras questões: o que é a felicidade para cada um de nós? Que objetivos e que estilo de vida deve ter uma pessoa se quiser ser feliz? E o que deve fazer uma sociedade interessada em assegurar a maior felicidade possível ao maior número dos seus cidadãos? Os países ricos são mais felizes do que os países pobres? Como muda a felicidade ao longo da vida? Temos certeza de que todas as pessoas querem ou sabem ser felizes? Em que consiste a felicidade de um sádico? E de um masoquista?

Para responder a estas perguntas, atualmente, dezenas de países em todo o mundo, incluindo a Itália, utilizam indicadores complexos de bem-estar que têm em conta numerosas variáveis individuais (estabilidade emocional, envolvimento, autoestima, propensão para o otimismo ou para o pessimismo, resiliência etc.) e ambientais (clima, estrutura urbana, relações primárias e secundárias etc.). Easterlin enfrentou a questão colaborando com o psicólogo israelita Daniel Kahneman, fundador da economia comportamental e Prêmio Nobel da Economia em 2002. As conclusões a que chegaram os dois estudiosos são de uma desconfortável banalidade. Eis um punhado delas. Cada um de nós vive como em uma esteira rolante (*treadmill*), por isso temos impulso para avançar quando o nosso rendimento cresce, mas no que toca à felicidade permanecemos no mesmo ponto (coisa que Séneca já havia dito). Se desejamos um bem e, finalmente, o obtemos, após uma primeira fase de satisfação regressamos à situação psicológica inicial e o *treadmill* torna-se *hedonic treadmill* (coisa que Sócrates já havia dito). Para aumentar o grau de satisfação, precisamos de uma overdose de bens e o *treadmill* torna-se *satisfaction treadmill* (já havia sido dito por Boccaccio). De todas as formas, a satisfação depende da comparação entre a nossa condição e a de todos aqueles que nos rodeiam, e o *treadmill* torna-se *positional treadmill* (já havia sido dito por Keynes). Depois, temos que superar o contraste que nasce entre as nossas necessidades tipicamente individuais e os produtos padronizados em série (já Marcuse tinha dito). E também há a progressiva mercantilização dos bens relacionais (a amizade, a solidariedade, o afeto etc.), que deveriam ser gratuitos e, pelo contrário, são cada vez mais deslocados para a esfera do mercado (isto é de Fromm). Por fim, há tudo aquilo que não se pode comprar a nenhum preço: "Duas coisas são irredutíveis a qualquer racionalismo: o tempo e a beleza" (como já havia dito Simone Weil).[110]

Apesar da teimosia com que os economistas tentam repetidamente capturar a felicidade dentro de dimensões métrico-decimais, resta o fato de que os seres humanos acrescentaram aos desafios que a natureza sempre lhes impôs (fome, dor, doenças, morte), por sua iniciativa, mais dois: o progresso tecnológico e a complexidade. A Escola de Viena enfrentou estes desafios propondo a riqueza como solução; a Escola de Frankfurt propondo a felicidade. Até agora, venceu a Escola de Viena e é por isso que somos menos felizes e temos mais pobreza.

---

[110] WEIL, Simone, *Quaderni*, Vol. IV, Milão, Adelphi, 1993 [1950], p. 65. Uma visão panorâmica do movimento global que levou os investigadores a estudar a taxa de felicidade em vários países, do Canadá ao Butão, pode ser encontrada em STIGLITZ, Joseph E., FITOUSSI, Jean-Paul, e DURAND, Martine, *Misurare ciò che conta*, Turim, Einaudi, 2021.

*Um resultado mais reconfortante*
Isto quer dizer que, no futuro, a probabilidade de sermos felizes continuará a ser escassa para a grande maioria dos trabalhadores? Listei uma série de circunstâncias que podem levar a esta conclusão, mas há outras que parecem conduzir a um resultado mais reconfortante. Antes de mais nada, a atual ordem das coisas é "histórica", ou seja, teve um início e pode ter um fim, para dar lugar a uma nova e aprimorada organização dos sistemas socioeconômico e político. Em segundo lugar, esta alternância de mundos vitais é confirmada, do ponto de vista teórico, pelas ciências sociais, que "têm como missão incomodar, criticar os ordenamentos vigentes, indicando outros melhores", conforme o pensamento de dois sociólogos de renome, os cônjuges Lynd. Mas também é perseguida, do ponto de vista prático, por todos os explorados do mundo, que lutam por esse objetivo. Há, depois, a feliz circunstância de que as fronteiras entre o trabalho e a vida terem se borrada progressivamente, sob o impulso da tecnologia, da escolarização e da sindicalização: se na sociedade industrial era o trabalho a hegemonizar a vida, há um tempo é cada vez mais verdade o contrário. Por fim, socorre-nos a certeza de que, com o avançar do ordenamento pós-industrial, caminhamos na direção de uma sociedade sem operários, sem agricultores, sem analfabetos; em que homens e coisas estão interligados; em que o tempo livre é mais central do que o tempo de trabalho; em que o desejo por qualidade de vida prevalece sobre a necessidade compulsiva de consumismo; em que o centro da competição global é a projeção do futuro; em que os movimentos e os novos sujeitos serão cada vez mais determinantes na dinâmica social; em que a criatividade, a estética e o conhecimento representam a máxima potência produtiva e o

maior capital fixo. Os tempos destes itinerários serão mais ou menos longos e mais ou menos sincrônicos, mas sem invalidar que atuem de maneira determinante sobre a representação simbólica que um número crescente de trabalhadores vai criando do seu mundo, do seu destino e, portanto, dos seus modelos de comportamento conflitual: por que, como, com quem e contra quem combater.

*Primeira solução: voluntariado*
O campo em que estes problemas se desdobram em toda a sua complexidade é o trabalho, por isso a previsão do seu possível fim atiçou a fantasia dos sociólogos para tentar vislumbrar como se desenvolverá a nossa vida ativa quando o problema econômico estiver resolvido. A questão, como vimos, havia sido levantada por Keynes quando reconheceu que haveria um aumento significativo do tempo livre provocado pelo desenvolvimento econômico. Entre os muitos que se lançaram neste exercício sobre o futuro, limito-me a citar cinco deles, que tentaram fazê-lo no espaço de uma década.

Jeremy Rifkin, em 1995, concluiu *The End of Work: The Decline of the Global Labor Force and the Dawn of the Post-Market Era*. Na Parte V do livro, intitulada "O advento da era do pós-mercado"[111], propôs um *re-engineering* da semana de trabalho que implicava uma grande redução do horário de trabalho, tornada necessária pela adoção inevitável de tecnologias *time-and-labor-saving*, uma contração que permitisse trocar menos salário por mais tempo livre, um novo pacto social para orientar o tempo livre dos empregados e aquele bem maior

---
[111] "*The Dawn of the Post-Market Era*". [N. do T.]

dos desempregados para funções produtivas externas tanto no setor público como no setor privado, preciosas para reconstruir milhares de comunidades locais através do voluntariado ou do terceiro setor. Isso evitaria que o tempo livre degenerasse em ócio dissipativo, drogas, depressão e violência, valorizando as melhores *skills* da população ativa. Teria sido, também, coerente com uma inclinação natural de longa data dos americanos, que já em 1831 havia impressionado Tocqueville quando visitou os Estados Unidos e descreveu a surpreendente variedade de associações de todo o gênero: industriais, comerciais, religiosas, morais, esportivas, políticas, culturais. Segundo Rifkin, a participação nas atividades do terceiro setor poderia preencher e dar sentido a todo o tempo deixado vazio pela redução dos horários de trabalho e pelo desemprego, para se tornar um conteúdo socialmente precioso, feito de serviços para a coletividade, encorajado pelos partidos e subvencionado pelo Estado. Em suma, uma voz nova para a democracia, capaz de dialogar em todas as regiões do mundo, a derradeira e mais forte esperança para a humanidade dado que "o fim do trabalho poderá ser a sentença de morte da nossa civilização ou dar o sinal de partida de uma grande transformação social, de um renascimento do espírito humano"[112].

*Segunda solução: "multiatividade" e cultura*
Dois anos depois do livro de Rifkin, em 1997, André Gorz dedicou boa parte do seu livro *Misères du Présent, Richesse*

---

[112] RIFKIN, Jeremy, *The End of Work, op. cit.* Edição italiana: *La fine del lavoro. Il declino della forza lavoro globale e l'avvento dell'era post-mercato*, Milão, Baldini & Castoldi, 1995, p. 460.

*du Possible*[113] às propostas sobre como resolver os problemas criados pelo crescimento exponencial do tempo livre. Para esse objetivo, considerava necessário que o trabalho assalariado perdesse a sua predominância central e fosse substituído pela "multiatividade" e a cultura, isto é, por todas aquelas atividades que, de fato, já fazemos: ser mãe, ser artista, ser *flâneur*, ser poeta, ser atleta. Para que tudo isso se pudesse concretizar, Gorz considerava indispensável que se usasse uma estratégia intencional:

> Uma *política do tempo* que englobe a organização do quadro de vida, a política cultural, a formação e a educação, e que refunde os serviços sociais e as estruturas coletivas de maneira a dar mais espaço às atividades autogeridas, de ajuda mútua, de cooperação e de autoproduções voluntárias.[114]

Tudo o que implica a necessidade de compreender a fundo "aquilo que pede para nascer"; ampliar ao máximo as vias "de saída do capitalismo"; favorecer o florescimento de novas sociabilidades criando novas relações retiradas da lógica do mercado, do dinheiro, da divisão de gênero das tarefas; abrir novos espaços temporais até agora barrados aos assalariados, novas técnicas de produção e novas relações com o ambiente;

---

[113] GORZ, André, *Misères du présent, richesse du possible*, Paris, Galilée, 1997. Edição italiana: *Miserie del presente, ricchezza del possibile*, Roma, manifestolibri, 1998, pp. 115 e ss.
[114] Idem, *Capitalismo, Socialismo, Ecologia*, Roma, manifestolibri, 1992, p. 97. Edição original: *Capitalisme, Socialisme, Écologie*, Paris, Galilée, 1991. [N. do T.]

reapropriar-se individual e coletivamente do tempo e da sua organização; garantir a todos um rendimento universal, incondicional e suficiente; trabalhar por objetivos; distribuir equitativamente a riqueza; criar bancos do tempo e círculos de cooperação.

*Terceira solução: trabalho de compromisso civil*
Em 1999 é a vez de Ulrich Beck com o seu ensaio *Il lavoro nell'epoca della fine del lavoro. Tramonto delle sicurezze e nuovo impegno civile*. Beck dedica várias páginas ao "que fazer" num mundo em que o trabalho escasseia cada vez mais. Começa por analisar uma dezena de cenários possíveis e chega à conclusão de que a verdadeira diferença entre a sociedade industrial (a que ele chama "primeira modernidade" e a sociedade pós-industrial (que nomeia "segunda modernidade") reside no fato de a primeira se basear em seguranças, certezas e limites claros, e a segunda em inseguranças, incertezas e ausência de limites bem definidos. Aquilo que molda o trabalho e a sua imagem é o princípio de indeterminação e o regime de risco. Incerteza, insegurança e ausência de limites também se manifestam em outros âmbitos: na globalização, na ecologização, na digitalização, na individualização e na politização do trabalho. Empalidecem as fronteiras entre o trabalho e o não trabalho no que diz respeito aos tempos, aos lugares e aos contratos. Trabalho assalariado e desemprego misturam-se. As garantias asseguradas pelo sistema de trabalho fordista são abolidas uma a uma. Reina a precariedade.

Nunca a criatividade teve a importância que tem hoje, mas nunca antes os trabalhadores — e também os criativos — estiveram tão vulneráveis e privados de um contrapoder coletivo, obrigados a operar no seio de redes flexíveis reguladas por normas indecifráveis. A virtualidade torna-se cada vez mais ameaçadora, provocando a dissolução dos horários, dos lugares e dos contratos de trabalho. Em síntese, a sociedade ocidental do trabalho dá lugar à pobreza anárquica do Brasil, onde prevalecem os empregos informais e precários. A "abrasileirização" do trabalho implica que cada qual se torne patrão de si mesmo, mas num contexto de total precariedade. "Precarização" é a palavra de ordem do trabalho pós-fordista.

Para sair do túnel escavado por todos estes fatores contraproducentes é necessário que os trabalhadores dos países ricos aprendam com os habitantes dos países pobres "altamente especializados" em tolerância, familiarizados com o pluralismo, relações com múltiplas soberanias, desregulamentação, flexibilidade. É preciso, depois, que a Europa elabore o modelo de uma nova sociedade política, não mais baseada no trabalho, mas também não baseada no tempo livre, no ócio, nas atividades plurais, no trabalho familiar e no voluntariado, que, no fim das contas, permanecem ligados ao *imperialismo dos valores do trabalho*. É preciso, ao contrário, reavivar a democracia com o trabalho de compromisso civil, reconhecido e revalorizado socialmente. Um compromisso recompensado com fundos públicos, com patrocínios, com ganhos alcançados pelos próprios trabalhadores envolvidos no compromisso. Para este propósito, Beck evoca a terceira via na acepção que lhe dava o primeiro-ministro francês Lionel Jospin — "Sim à economia de mercado, não à sociedade de mercado" — e atribui ao trabalho de compromisso civil a capacidade de provocar vida comunitária vigilante e ativa, e também educação e experiência democrática; a força de mobilizar o tempo, o espaço, o dinheiro e a cooperação; a possibilidade de oferecer a quem o desempenha uma existência política para além da integração na sociedade, da segurança material, de um papel social e de uma identidade.

"O trabalho de compromisso civil é trabalho voluntário, auto-organizado, em que aquilo que tem de ser feito, assim como os modos de o fazer, é exclusivamente decidido por quem o faz."[115] Mobiliza e integra também os movimentos de protesto, oferece à "desobediência criativa" um lugar de atividade e de experimentação socialmente reconhecido, gera trabalho em favor de terceiros ligado aos projetos, cooperativo, auto--organizado e executado sob a direção de um empresário que representa uma espécie de combinação entre Madre Teresa de Calcutá e Bill Gates.

O apetite de democracia e de sociedade do altruísmo tem sido se satisfazer mas precisa crescer num contexto que revalorize a política e o Estado, ou seja, o exato contrário da desconstrução neoliberal. Isso postula, por outro lado, uma regulamentação transnacional do trabalho de compromisso civil para evitar que se chegue a uma era de elevada tecnocracia e para nos tornarmos cidadãos da "sociedade mundial caracterizada por uma visão pós-nacional da política, da responsabilidade, do Estado, da justiça, da arte, da ciência e do conflito público"[116].

---

[115] BECK, Ulrich, *Il lavoro nell'epoca della fine del lavoro. Tramonto delle sicurezze e nuovo impegno civile*, Turim, Einaudi, 2000, pp. 182 e ss.
[116] *Ibidem*, p. 257.

*Quarta solução: decrescimento e jogo*
Em 2007, Serge Latouche publicou o seu *Pequeno Tratado do Decrescimento Sereno*, em que teoriza a urgência da redução de todas as atividades humanas que comprometem a saúde do planeta e sugere modalidades para pô-la em prática.

> A receita do decrescimento consiste em fazer mais e melhor com menos. [...] O espírito do decrescimento está nos opostos da busca obsessiva de economias de todo o gênero e da ideologia neoliberal subjacente com as suas palavras de ordem: eficácia, performance, excelência, rentabilidade a curto prazo, redução dos custos, flexibilidade, rentabilidade dos investimentos etc., cujo resultado é a destruição do tecido social.[117]

O decrescimento requer o reforço do direito ao trabalho, a defesa do salário mínimo, a redução quantitativa e a transformação qualitativa do trabalho, a rejeição da acumulação ilimitada, a fuga do ciclo infernal das necessidades e do rendimento. É preciso permitir a realização pessoal de cada um, sair da sociedade "trabalhista", produtivista e mercantil; "dilatar o tempo", recuperar o gosto pelo tempo livre; libertá-lo da economia, "desprofissionalizá-lo", desindustrializá-lo, dar-lhe um sentido através da reapropriação da existência, da reconquista dos ritmos pessoais, da vida privada, das atividades autônomas, da cultura da lentidão, da contemplação, do empenho político, da arte, do jogo, da solidariedade, das atividades coletivas e autogeridas.

---

[117] LATOUCHE, Serge, *Pequeno Tratado do Decrescimento Sereno*, op. cit., p. 79.

Enquanto o trabalho assalariado não estiver completamente transformado, as classes trabalhadoras não terão "disposição para o tempo livre".

> Sair do sistema produtivista e "trabalhista" atual supõe uma organização completamente diferente, em que o lazer e o jogo sejam tão valorizados como o trabalho, em que as relações sociais prevaleçam sobre a produção e o consumo de produtos descartáveis inúteis e até prejudiciais.[118]

*Quinta solução: ócio criativo*
Depois de ter substituído com robôs e computadores muita mão-de-obra operária, o progresso tecnológico está agora assaltando o trabalho criativo através dos computadores e da inteligência artificial. Isto permitiu descarregar sobre as máquinas quase todas as formas passivas de trabalho e baixar de forma consistente o preço de muitos produtos e reduzir o de outros quase a zero (ouvir música, procurar informações, participar de um *webinar* etc.). Se concordarmos com Keynes sobre o fato de que este processo, avançando a um ritmo geométrico, fará muitos bens e serviços saírem da esfera econômica e libertará progressivamente os seres humanos da necessidade de trabalhar, deixando-lhes apenas o monopólio das atividades criativas, então há algumas questões inevitáveis que surgem e para as quais temos de procurar respostas. Mas antes de as enfrentarmos, é preciso tomarmos consciência de que, independentemente do fato do trabalho terminar ou não, há uma

---

[118] *Ibidem*, p. 118.

certeza: isso ocorrerá quando eu, que escrevi este livro, e o leitor, que está o lendo, já tivermos morrido. Portanto, só nos interessa perceber o que acontecerá nos próximos anos, à medida que for diminuindo a necessidade de mão de obra humana e que o trabalho restante se restringir às funções afetivas e às atividades criativas. Como, entretanto, a população mundial aumentará uns quantos milhões e os jovens estarão cada vez mais escolarizados e interligados, a oferta de trabalho tenderá a exceder cada vez mais a procura.

No decurso deste século, a situação do mercado de trabalho irá diversificar-se cada vez mais em comparação com a do século XIX. Parafraseando o que escreveu o economista John K. Galbraith referindo-se ao mundo de Taylor e de Ford e que citei no capítulo anterior, podemos dizer que a real conquista da ciência e da tecnologia pós-moderna consiste em descartar as pessoas normais, assumir apenas as geniais, investir cifras hiperbólicas na sua formação hiperespecializada e, portanto, almejar, graças a uma organização adequada, a coordenar suas competências com as de outras pessoas igualmente geniais e hiperespecializadas. Ora, isto permite prescindir das pessoas normais.

O problema é que, no passado, eram necessários muitos operários e empregados executivos; no futuro, bastarão poucos intelectuais criativos. Destes poucos será necessário obter uma produção de ideias que requer uma motivação entusiasta, um empenho sistemático, um horário pleníssimo de trabalho e uma atualização escrupulosa. Também precisarão subtrair tempo às suas atividades profissionais, por mais atraentes que sejam, e divertir-se no tempo livre para alimentar a própria criatividade com estímulos múltiplos, como muito bem percebeu e escreveu Karl Marx nos *Grundrisse der Kritik der Politschen Ökonomie*[119]:

> A poupança de tempo de trabalho equivale ao aumento do tempo livre, ou seja, do tempo dedicado ao desenvolvimento pleno do indivíduo, desenvolvimento que por sua vez reage, como máxima produtividade, sobre a produtividade do trabalho. Este pode ser considerado, do ponto de vista do processo de produção imediato, como produção de capital fixo; este capital fixo é o próprio homem.[120]

Quanto à felicidade, é muito provável que, para aqueles que terão o privilégio de desenvolver atividades criativas, as qualidades expressivas do seu trabalho bastarão, por si só, para gratificá-los o suficiente para ficarem felizes. Para todos os outros, a felicidade só poderá vir de uma combinação afortunada, composta por um trabalho instrumental não excessivamente alienante e, de qualquer forma, de um horário mínimo, de um rendimento universal, de todas aquelas atividades pessoais, familiares e com os amigos que agora consideramos "tempo livre". De resto, hoje já seria suficiente que todos os cidadãos capazes de trabalhar dedicassem ao trabalho vinte anos do seu tempo de vida para satisfazerem as necessidades materiais de toda a humanidade.

Tanto para os criativos como para os outros, durante toda esta fase que antecede a solução cabal do problema econômico,

---

[119] Edição italiana: *Lineamenti fondamentali della critica dell'economia politica*. [N. do T.]

[120] MARX, Karl, *Lineamenti fondamentali della critica dell'economia politica*, Florença, La Nuova Italia, 1970 [1857-1858], Vol. II, p. 410.

o trabalho acabará por ser fonte de felicidade ou de alienação conforme se assemelhar, ou não, àquilo que chamo de *ócio criativo*. Essa expressão significa tudo menos a preguiça, a inatividade forçada ou o matar o tempo correndo o perigo de entrar em depressão. Ao contrário, entendo a suave capacidade de conjugar o trabalho para produzir riqueza, esta com o estudo para produzir conhecimento, e então com o jogo para produzir alegria.[121]

O ócio criativo garante, certamente, mais felicidade do que o trabalho, tal como é realizado atualmente na grande maioria dos casos. Mas a felicidade não é uma caminhada solitária: para ser plena precisa de empatia. Como diria Marx:

> A experiência define como felicíssimo o homem que fez feliz o maior número de outros homens. Se escolhemos na vida uma posição em que podemos agir melhor para a humanidade, nenhum peso nos poderá curvar, porque os sacrifícios são em benefício de todos; deste modo, não sentiremos uma alegria mesquinha, limitada, egoísta, e a nossa felicidade pertencerá a milhões de pessoas, as nossas ações viverão silenciosamente, mas para sempre.

---

[121] MASI, Domenico de, *Ozio creativo. Conversazione con Maria Serena Palieri*, Milão, Rizzoli, 2015.